新装

法隆寺は移築された

大宰府から斑鳩へ

米田良三［著］

新泉社

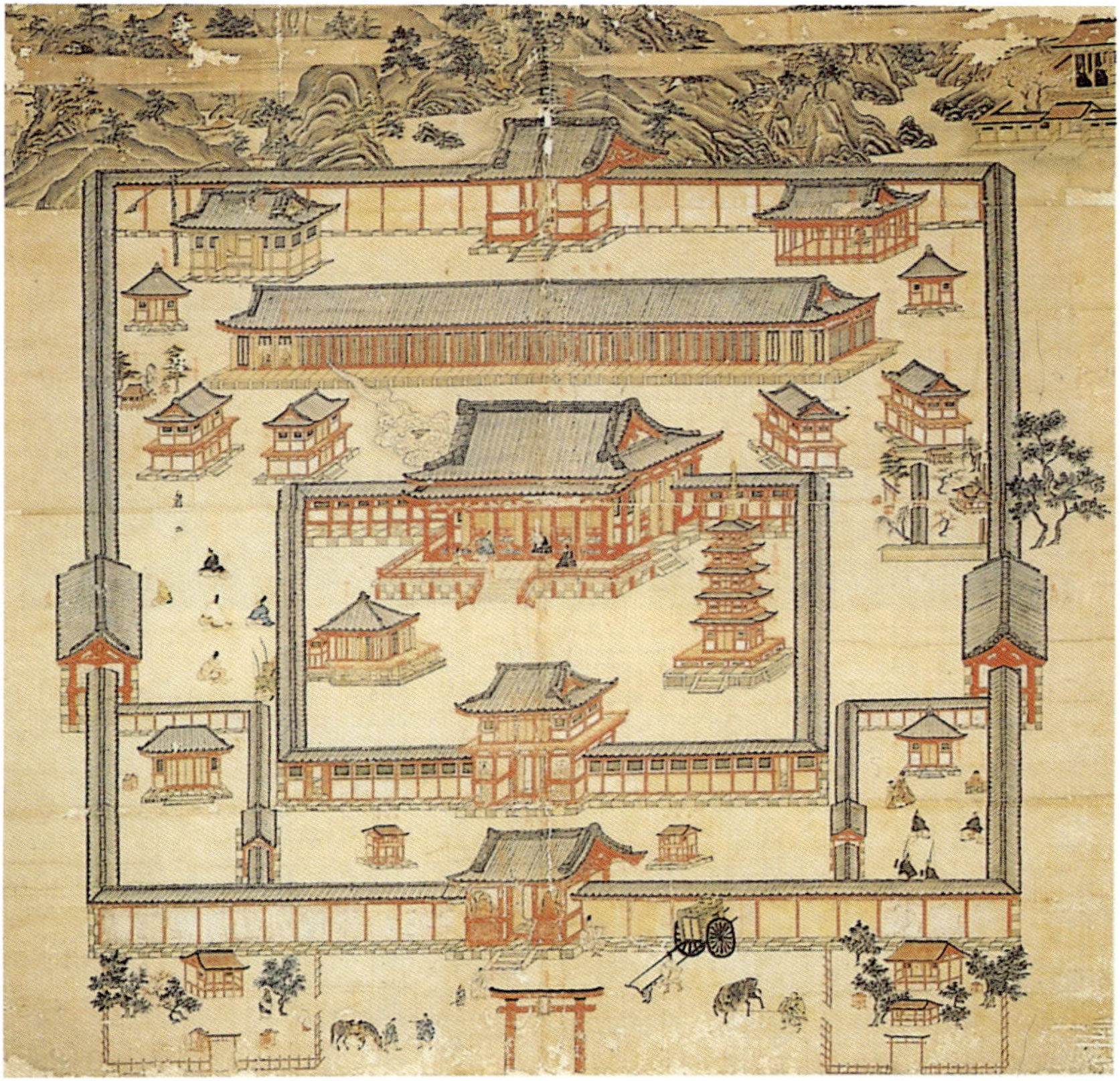

観世音寺古図

絵は中門を入って右手に五重塔、左手に金堂、正面に講堂を描いている。講堂の正面には座った姿の三、四人が中庭を望んでいる様子である。絵全体を見ると、金堂の姿が貧弱に見える。観世音寺伽藍の本当の姿を描くことがタブーであったかのような、何か特別な制約のもとに描かれているように思われる。（本文43ページ、観世音寺所蔵、写真提供・石丸　洋）

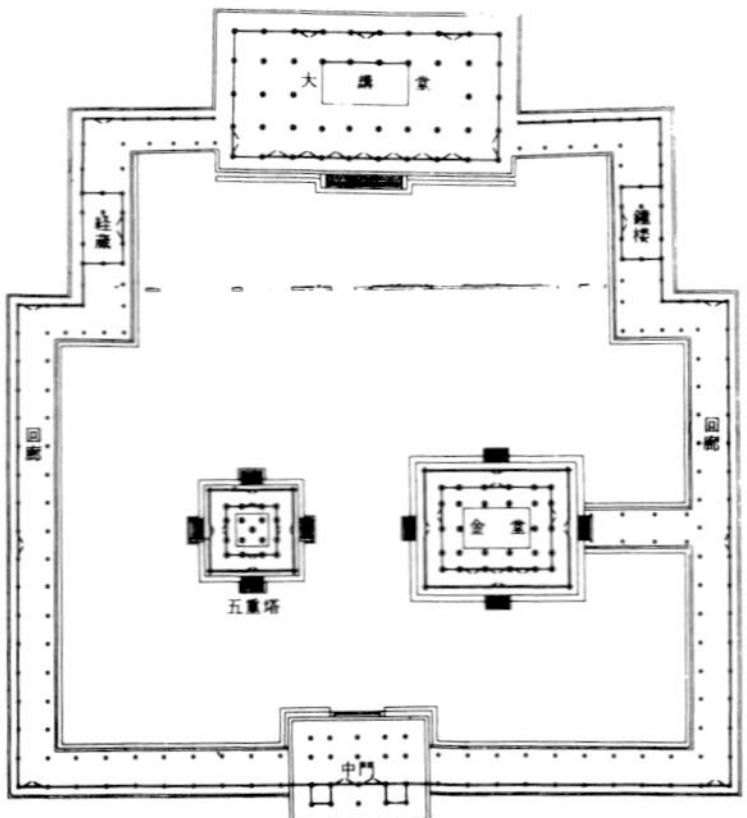

西院旧北回廊雨落溝発掘平面図

法隆寺西院伽藍配置

移築地が斑鳩の地に決定したのを受けて、法隆寺の伽藍配置を計算したと思われる。観世音寺のイメージを消し去るために塔の位置を左右入れ替え、金堂の向きを九十度回転させた。（本文92〜3ページ、浅野 清『法隆寺建築の研究』中央公論美術出版より）

はじめに

法隆寺の建物は美しい。西洋のあらゆる建築と比べても、その美しさはひけを取らない。人間的尺度をもってつくられた、完成された造形は時間を超えて存在している。

現在、一般に建てられる建物の法的寿命は数十年である。記念建造物として建てられたものでも、今後二百年間保たれ得る建物はない状態であり、技術の粋を集めても造ることができないかもしれない。東京オリンピックの時に造られた代々木の貝殻状の体育館は、すでに雨漏りや地盤沈下が激しく、寿命が尽きそうである。

法隆寺の建物は木造であるが、すでに千年を越えて生き続けている。建物は計画する意図を別にしても、材料と技術の集積によって造られている。法隆寺で用いられた材料を挙げれば、土、石灰、石、木、藁、瓦、金属、顔料等である。この瓦をつくるためには、瓦博士と言う言葉があったことからわかるように、完成した技術が必要であった。また金属では、釘ひとつを取っても、まるで刃物のような材質のものが用いられており、すぐれた鍛冶技術があったことを物語っている。法隆寺が千年を越えて存在することで証明されるように、すぐれた材料をつくる技術はすずでにあった。

また建物を建てる技術として、木構造には現代技術以上に精通していたと思われるし、各職方の技術を背景に、すぐれた構法が確立していたと思われる。

法隆寺を造るために当時の文化が総合されていることが理解できるであろう。建物はそれ自体歴史を記録する記録装置とも言い得る存在である。ところが、これまでの歴史研究では、それを読み取る努力が不足していたし、その方法論が欠如していた。

世界の最高の美を表現する建築のひとつ、法隆寺という記録装置には何が記録されているのであろうか。

一九九一年五月

米田　良三

法隆寺は移築された●目次

装幀　勝木　雄二

第Ⅰ部　法隆寺の封印を解く

第1章　解体修理工事報告書の内容

法隆寺研究の現状

法隆寺を知らない人はあるまい。世界最古の木造建築を擁(よう)する建築群と、多くの什宝(じゅうほう)類が現存している。

法隆寺はこれまで多くの人によって研究が行われてきた。主なところを振り返ってみると、まず明治時代に伊東忠太氏が建築様式や文様様式などを考察した様式研究がある。続いて、『日本書紀』天智天皇九年（六七〇）の「夏四月三十日、暁に法隆寺に出火があった。一舎も残らず焼けた。」の記述をもとに、現在の法隆寺の建物が再建されたものであるという主張と、建物の全体と細部の観察や測定によって六七〇年以前に造られた建物と判定し、『日本書紀』の記述が誤っているとする建築史家らの主張がぶつかりあい、論争は多くの研究を生んできた。しかし、この再建、非再建論争は法隆寺がいつ、だれによって造られたかがはっきりしない限り終結することはあり得ず、現在も続いていると言って過言ではない。

これらの研究、論争は観察や実測あるいは、『日本書紀』などの文献をもとに行われてきた。しかし、昭和の時代に入ると、これらの方法に実証的研究が加わり、やがて法隆寺研究の中心に位置を占めることになる。再建論者が最初の法隆寺と考えた若草伽藍の発掘や、法隆寺境内でたびたび行われた発掘に伴う調査研究であり、金堂や五重塔を含む西院伽藍の解体修理工事に伴う調査研究である。

この解体修理工事の中心をなした金堂や五重塔の工事報告書は、工事に係わられた浅野清氏が中心となってまとめられた。このことは同氏の著書『昭和修理を通して見た法隆寺建築の研究』（以下『法隆寺建築の研究』と略す）に明らかである。

今日の建築史や美術史の研究が、浅野氏の研究で示された所見を基礎に行われていることは周知の事実である。東大助手藤井恵介氏の最近の著作『法隆寺II［建築］』には次のように記されている。

建築史の研究者たちはこのようにして考察を進めてきたが、その前提となっているのは、浅野清による解体修理の際の調査の所見である。したがって、多くの議論が浅野の提示した再建プログラムに矛盾しないように構成されてきたことは言うまでもない。

ところが、現実にはこれにくみしない解釈もおこなわれている。たとえば、再建過程について、天武八年（六八〇）に法隆寺は食封三百戸を停止されている（『書紀』）から、とてもこのころに再建事業がおこなわれていたとは思えない。したがって、仁王会のための天蓋が施入された持統七年（六九三）ごろまでに金堂ができ、五重塔、中門などの諸建築はさらに年代がさがるはずだ、という指摘がある（町田甲一『法隆寺』昭和四十七年・角川書店、大西修也「再建法隆寺と薬師銘成立の過程」『仏教芸術』一三三・昭和五十五年）。町田が述べるように、解体修理の調査結果をどのように判断するかによるわけだが、解体修理では建築の建立事情について直接的な資料が得られるのであるから、それに対する弾力的な対応は可能であっても、無視することはとうていできないのである。

いかに浅野氏の研究が現在の法隆寺研究に重きをなしているかがわかる。浅野氏の研究の後にも多くの実証的研究が続いている。

ここで、法隆寺の解体修理や発掘に伴う実証的研究の成果を時間を追ってまとめてみよう。

（図1参照、文章中の番号は図と対応）

① 若草伽藍の金堂㋑が建てられた。

② 若草伽藍の整地が行われ、金堂基壇周りの溝㋺及び大溝㋩が埋められた。大溝㋩の替わりに伽藍西側に大溝㋥が掘られた。

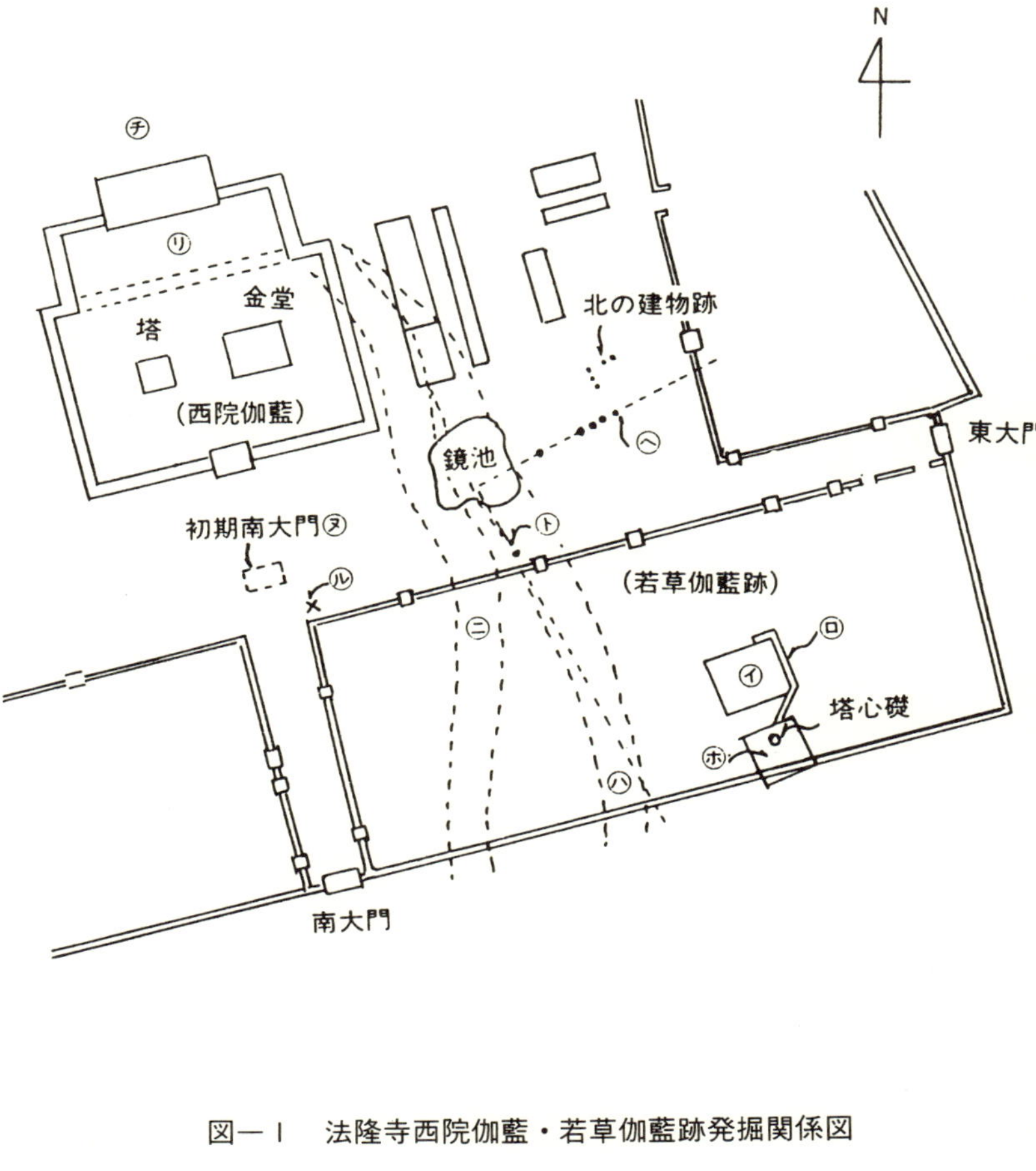

図—1　法隆寺西院伽藍・若草伽藍跡発掘関係図

③　若草伽藍の塔㋭が建てられ、伽藍を区画する柵㋬、㋣がつくられ、伽藍が完成した。

④　若草伽藍が火災にあった。

⑤　西院伽藍の背後の山の斜面㋠を削り、旧北面回廊㋷より南の部分が埋められた。北の部分は削り取られて地山が表面に出ている状態である。この時さらに若草伽藍の敷地が一・五メートル程削り取られ、大溝㋥を含む南の部分に埋土されている。このようにして西院伽藍の敷地が整備され、場所によっては埋土が二～三メートルに達するほどである。

⑥　西院伽藍が建立された。

⑦　南大門㋦が建てられた。南大門の脇㋸の地下一・五メートルのところに地鎮具が埋められていた。地鎮具の中に和銅元年鋳造の和銅開宝が納められていたことから、西院伽藍が和銅年間に建立されたと判断された。

⑧　和銅年間の造営に関する文献資料は次の四点が残っている。

○七大寺年表

和銅元年戊申、依詔造大宰府観世音寺、又作法隆寺

○伊呂波字類抄巻二

法隆寺、七大寺内、和銅年中造立

○南都北郷常住家年代記

写真1　須弥山（浅野清『法隆寺建築の研究』中央公論美術出版より）

和銅元年戊申、建法隆寺

○東寺王代記

和銅三年、藤公建興福寺、或記云、法隆寺同此年建立

これらの資料は、法隆寺が和銅年間に建てられたことを述べており、地鎮具から判断されたことと一致する。『東寺王代記』は「或記に云う」として建立年を記しており、法隆寺の建立が和銅三年（七一〇）と判断された。

これを傍証する資料として『法隆寺伽藍縁起并流記資財帳』（以下『西院資財帳』と略す）の記述が挙げられるている。

合塔本肆面攝　一具涅槃像土　一具彌勒佛像土

一具維摩詰像土　一具分舍利佛土

右和銅四年歳次辛亥、寺造者、

五重塔心柱の周りには、東西南北四面に塑像が造られており、須弥山（しゅみせん）（写真1）と呼ばれている。この須弥山が和銅四年に造られたとあり、五重塔の建立が和銅四年以前であることを示して

いる。

以上が法隆寺研究の到達点である。しかし私は、これらの研究成果の中の「⑥西院伽藍が建立された」に疑問を感じる。この見解は解体修理工事の調査研究で明らかにされた。金堂の工事報告書には次のように記されている。

金堂は西院伽藍の中心建築として、常にその保存に留意されて来たため建立以来千三百年間、一回も根本的な修理を受けていなかったにも拘らず、比較的良好な状態に保たれていた。

また、五重塔については『法隆寺建築の研究』に次のように記されている。

今回の五重塔修理による調査の結果、五層柱以下が全く解体されたことのない証跡が見出だされたことは既述の通りである。

「建立以来」とか、「五層柱以下が全く解体されたことのない証跡」とあるように、金堂と五重塔が新築されたと考えられている。浅野氏は法隆寺東院の伝法堂が移築された建物であることを解明されており、建物が新築されたものか、移築されたものかについて、深く追究された姿勢がこの文から読み取れる。
一般的に木造の建物は解体して、再び同じ材料で建て直すことが可能である。例えば明治村（愛知県）の建物は別の場所に建っていた建物を解体し、明治村に部材を運んで建て直したものである。木造建築には、このような移築と、もちろん新しい材料で建てる新築とがある。問題の法隆寺は建立されてからすでに千三百年が過ぎており、建立時に新築された建物か、移築された建物かは観察者の目だけでは判断し難い。
法隆寺の場合、報告書が述べるように本当に新築されたものであろうか。以下、修理工事報告書を検討してみる。

註　（塔68）は五重塔の報告書の六八頁からの引用であることを示す。また「堂」は金堂の報告書であることを示す。文中の番号は参照図の番号と対応するよう書き加えてある。

五重塔の報告書（図2参照）

Ⓐ　五重塔の報告書を検討しよう。報告書には使用部材の克明な観察記録が報告されている。その中に図2の断面図の初層にある二箇所の束㋑に「他の建物に属する痕跡のある材」を新築当初より用いていた（塔77要約）とある。このことはまた次のように述べられている。

その内に僅かであるが当初から組込まれていたと推定される他の建築からの混入材があったことは注目に値する。（塔68）

これは上棟の際に部材（束(つか)）が不足していて、追加したことを意味している。現在の木造住宅の現場においても、上棟の際に部材が足りず、その場であわてて部材を追加する場合も時には生ずる。しかし木造建築は必要な部材を前もって加工しておき上棟に臨む。その刻(きざ)みの段階で、刻み忘れるようでは大工の腕を疑われる。報告書はこのようなことが起こったとしている。

この西院伽藍建立より約三十年後に建築が始まる東大寺の場合、大仏殿上棟の直前に天皇が大工に叙位したことが記録に残っている。寺院建築に携わる大工が、高度の技術を持った技術者として認められていた証拠である。法隆寺が意匠や技術に関して、東大寺大仏殿に劣るとは思われず、法隆寺の五重塔を造った大工も当時のトップレベルの技術者であったことは疑えない。その大工が上棟に必要な構造材である束を刻み忘れて、上棟に臨んだとは考え難い。

さらに観察された部材は「他の建物に属する痕跡のある材」すなわち他の建物に使われた材を加工したものである。新築の五重塔の上棟の際に束を刻み忘れた事態が起こり、その対処に一般的に行われる新しい材木を用いて束をつくることはせず、古材を加工して束をつくったと理解されている。

Ⓑ　同じ観察記録に断面図の初層の化粧裏板㋺として、旧裳階屋根板㋩の改造板七十二枚が、新築当初より用いられていた（塔77要約）と述べられている。

裳階屋根板の加工断面を示すと図3である。改造板と判断されていることから、山の部分が削られていたと思われる。報告書は材木を複雑な断面の裳階屋根板に加工し、その後、山の部分を削り取って単純な長方形断面の化粧裏板に加工したと述べている。わざわざ複雑な工程が行われたと判断されている。この改造板についての所見と思われる次の記述がある。

資料的に重要と考えられる（塔70）

新築に当ってなぜこのような改造板が作られることになったのかが述べられるべきである。

Ⓒ　同じ観察記録に断面図の五層の土居（どい）㋥として、立面図に示した五層の野隅木（のすみぎ）㋭四本が用いられた（塔77要約）と述べられている。

慶長年間に行われた大修理の際、五層の野隅木を加工し五層の土居として使用したという所見

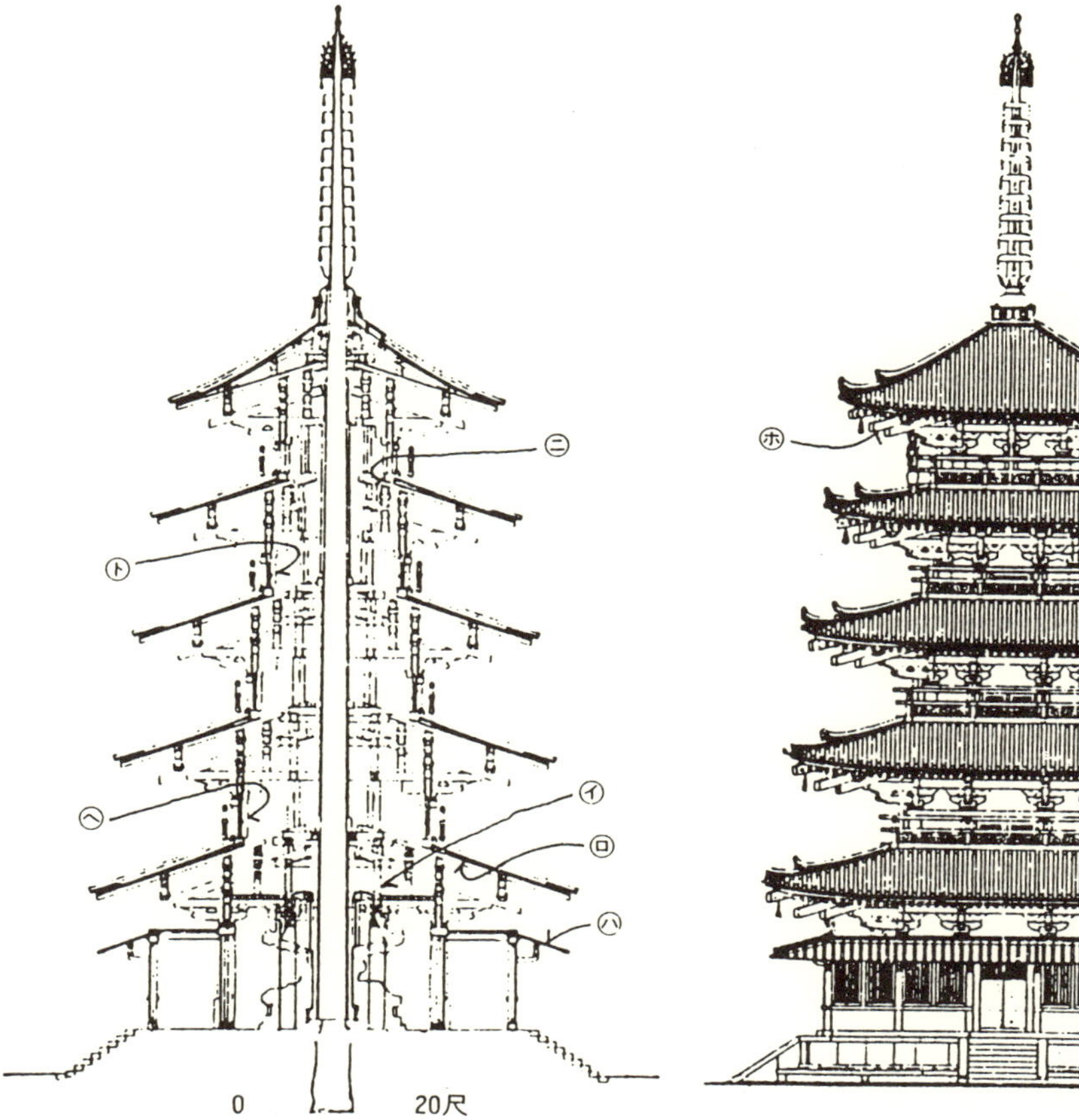

断面図　　立面図

図－2　五重塔修理前現状図（浅野清『法隆寺建築の研究』中央公論美術出版より）

図－3　五重塔裳階屋根断面図（同上より）

である。ところが、五層の土居は五層柱の下にある材である。先に挙げた「五層柱以下が全く解体されたことのない証跡が見出された」の記述と矛盾している。

以上の三点は、五重塔が新築されたとしたために起こった矛盾である。しかし、五重塔が移築されたとすると、これらの事実は十分に起こり得ることとして理解できる。Ⓐは五重塔の膨大な数の部材を解体し、移動させるあいだに束を紛失したか、部材の山の中から見出せず、他の建物に使われていた古材を加工して用いた。Ⓑ、Ⓒも同様のことが考えられる。不明の材のかわりに加工して用いた材が、あとで必要な材であった。このようにⒶ、Ⓑ、Ⓒの事実は五重塔が移築された建物であることを示している。

指摘した三点の部材は五重塔を構成する材と同等か、さらに古い材であったために、明らかな矛盾として報告書に表れたが、他に移築材より新しい材も用いられており、いくつかが報告されている。その中の一つを取り上げてみよう。

二重西面中の間北側㋬及び四重乾㋣の柱は他のものが総て上下に作出の枘があるにも拘わらず、共に上下に枘がなく、材質形状も一見新しいもので、近世部分的に差し替えられたものであることが明らかである。尚この部分の柱の当たる柱盤上端にはいずれものみで加工した痕が残っていた（塔66）。

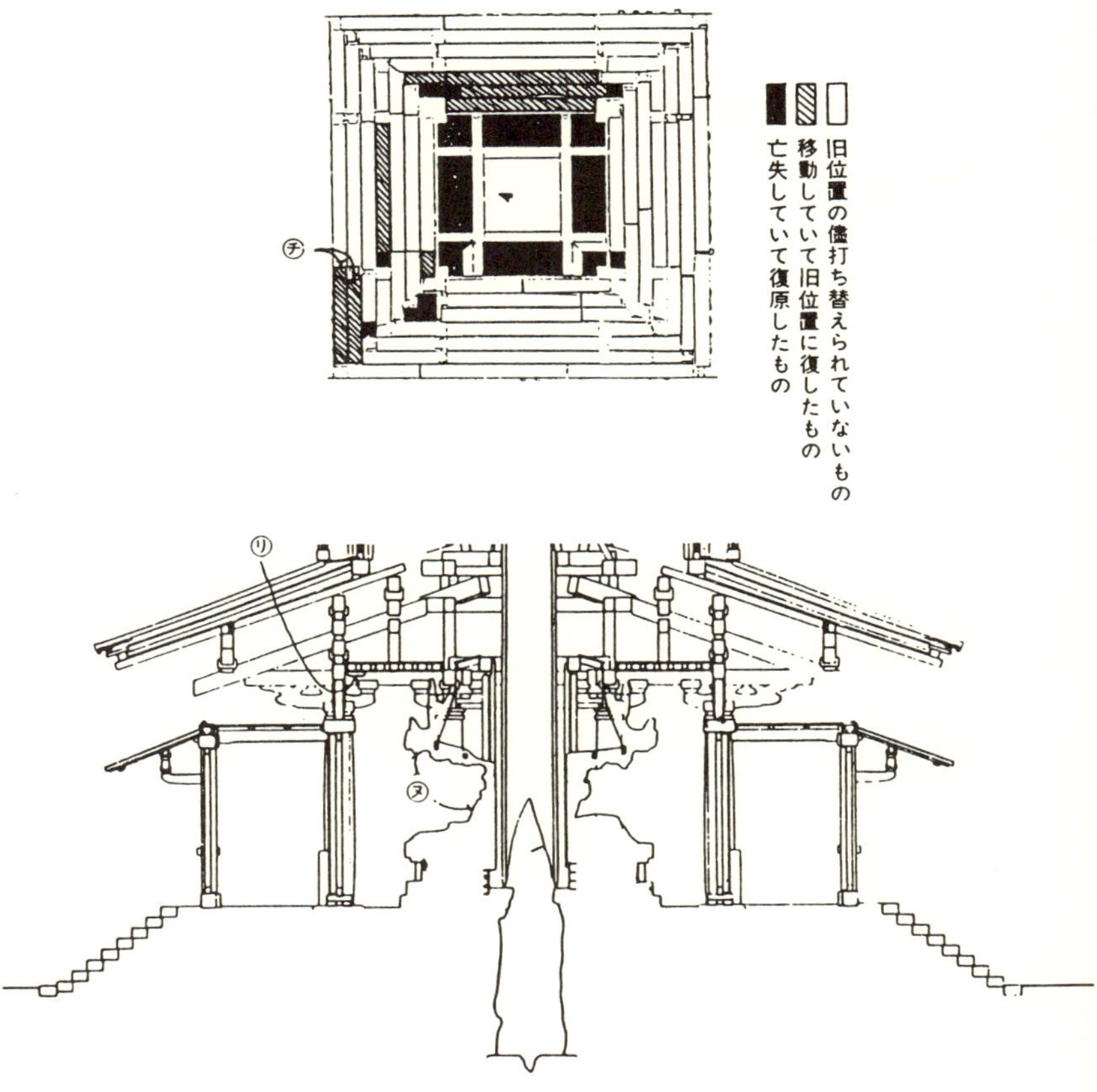

図—4　五重塔初重断面図(下)と同天井板張替亡失状況図(上)

断面図の二層の柱㋬や四層の柱㋣を解体せずに差し替えたと判断されている。あたかも模型の一部をつくり直しでもするように、頭の中で建築物をつくり直し、差し替えが可能であると信じ込んでしまわれたようである。これらの柱を建物を解体しないで取り替えることは不可能である。このような強引な判断がなぜ行われたかは知るすべがないが、これらの柱が示す内容は五重塔が移築されたということである。報告書は「材質形状も一見新しいもので、近世部分的に差し替えられたものであることが明らかである。」と所見を述べている。問題の柱が他の材に比べて新しいと観察されていることがわかる。この所見は「移築の際に部材が不明で、かわりに移築部材より新しい木材を加工して用いた」と記述されるべきであった。

Ⓓ　第一層にある天井の天井板に関する考察が記されている。（図4参照）

天井板は大部分打替えられた痕跡がなく、東側及び北側の部分にその位置の替えられていたものが八枚認められ、その一部に若干の腐朽が認められた外は損傷したものは殆どなかった。ただ隅の部分の小片が七枚亡失していたが、それらについては第九図（図4の天井板張替亡失状況図　著者注）に示した通りである。因みに天井板の位置が変ったのは慶長年間須彌山の山

図－6　尾垂木掛上束の特異形

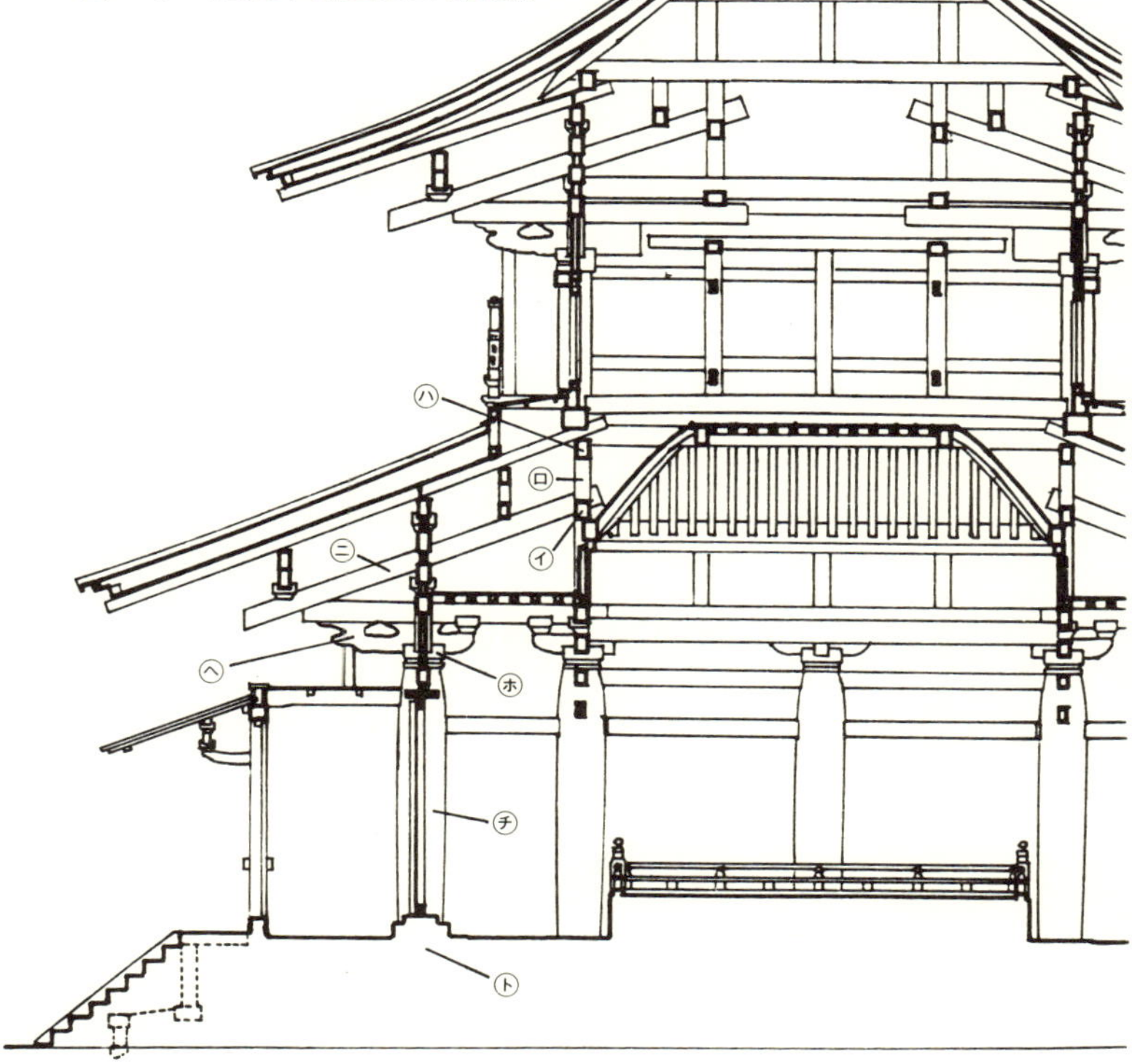

図－5　金堂断面図

崩を修復する作業と関連したものと考えられる。（塔57）

図4㊤の天井見上図に斜線で示した八枚が位置が替えられたとされる天井板である。その一つの㋠は、㊦の断面図の㋷の位置である。八枚の天井板は須弥山㋟の修復作業の時、取りはずされて再び取り付けられたときに位置が入れ替ったと判断されている。中央部分の天井板ならば須弥山の修復作業と関係付けることは可能であろうが、㋠の天井板は取りはずす必要はなく、このような判断は無理であろう。また七枚の小片の亡失も修復作業との関係では起こり得ないであろう。七枚の小片がどのような経緯で無くなったと考えられるのであろうか。

この事実も、五重塔の移築に際し、七枚の小片を紛失し、八枚の天井板の位置を誤って打ち付けたとする以外に説明は不可能である。

金堂の報告書（図5参照）

次に金堂の報告書を検討しよう。

Ⓐ　金堂の断面は図5（部分）のようになっている。下層の屋根裏部分の束についての考察が述べられている。

写真２　本薬師寺の金堂跡（森郁夫著『瓦と古代寺院』六興出版より）

写真３　本薬師寺の東塔跡（同上より）

尾垂木掛(おだるきがけ)㋑の上には更に束㋺を立てて入側桁㋩を装置してあったが、それらの束の内、尾垂木㊁の真上に来るものは、下部を一部欠込んで尾垂木の上に馬乗りに跨がせてあった。その手法には種々のものがあり、尾垂木の当たりを全部欠込んで唯枘だけを出したもの、枘形の円いもの、四角いもの、束の中心に作出したもの、端に作出したもの、隅行の尾垂木上に見付面を隅の方向に向けたもの、そうでないものなど色々であった。又、両脚の尾垂木掛に接する部分に枘を作出したものと、それでないものとの違いも見られた。（堂249）

考察に述べられる束㋺のうち尾垂木㊁の真上にくるものは金堂全体で十八個ある。そのうちの一個は図6の上部を八角形にした特異形が用いられている。この十八個の束は金堂を新たに造ると、四隅に用いる形とそれ以外の二つの形状で済む。報告書のように金堂が新築されたとすると、二つの形状で済むはずのものを、なぜこのように多くの形状がつくられたのか説明が付かない。この事実も金堂が移築されたことを示している。移築に際し、束材の多くが不明となり、代用するために適宜用いられた結果、多くの異なる形状のものが存在することになった。

Ⓑ　下層の側柱の上に乗っている大斗㋭についての考察部分である。

初重西面の南より第二の大斗㋭（は一〇）の敷面には枠肘木㋬の当りに幅一寸四分、厚さ二分程の矧木（つけぎ）が北に二枚、同じく厚さ一分の矧木が南に二枚加えられていた。これらの矧木は（中略）当初からのものであることが知られた。同様の矧木は北面の西から第三の大斗（ち七）の枠肘木の外側面に当るところにも見られた。その矧木は厚さが三分もあったが、如何なる理由によるものであるか、誤って切り過ぎたと想像する以外、充分納得の行く解釈は出来なかった。（堂307）

大斗と枠肘木の組み合わされる部分の観察である。この木組と呼ばれる技術は日本の木造建築の基本といって過言ではない。そこに矧木が加えられていた。このことを解釈するために、誤って切り過ぎたとされている。すでに述べたように、七〇〇年代の寺院建築に携わった大工は優れた技術者であった。誤って切り過ぎたとは考えられない。誤って切り過ぎたとしたら彼らは新しくつくり直していたであろう。

やはりこの事実も移築のために大斗のもとの位置が不明になり、使用位置を誤ったか、枠肘木がもとの位置と異なり、すき間が生じたと思われる。

Ⓒ　基壇に据えられた礎石㋣についての考察部分である。

礎石㊦の大部分は殆ど加工の痕の認められない自然石であったが、中に円い柱座の作出のあるものが五個、微かに作出の痕跡を留めているものが四個混っていた。（中略）こうした手法の異なる礎石が混用せられていたということは注目すべき事柄で、若しこれらの柱座がこの堂の礎石として使用するために作出されたものとすれば、全部の礎石に作出されていなければならない筈である。（堂200）

礎石の大半が自然石で、一部に柱座の作出があると観察されている。

同じ頃に造られたとされる本薬師寺の場合、礎石は正方形の柱座と地覆座がつくり出されている。また、回廊の一部が倒壊したままの姿で発掘された山田寺は六〇〇年代に造られたとされるが、この寺の場合回廊の礎石は蓮弁が刻まれた柱座と地覆座がつくり出されている。このように当時の大和地方の寺院においては、新築の場合、礎石として自然石のままを使用することはなかったようである。また、仮に新築される場合に礎石として自然石のままが使われたとしても、一部に柱座をつくり出した礎石を併用することはあり得ないであろう。

五重塔の報告書にも基礎工事は極めて簡単なものであると述べられており、金堂、五重塔は共に移築工事であったため安易な礎石工事に終わったと思われる。

写真４　金堂柱脚部（法隆寺国宝保存委員会『国宝法隆寺金堂修理報告』より）

Ⓓ　下層の側柱㋠についての考察部分である。

柱頭に腐損を生じていた二本の柱は根継もされていたことが判明した。この根継は、勿論立った儘の柱に対して行われたもので、かなり困難な作業であったと思われると共に、余程ひどくなっていたであろうことが察せられた。（堂212）

『金堂修理報告附図』に柱の写真（写真4）が掲載されている。根本に九センチメートル程の継木が施されている。

各礎石の高さを測った資料（表1、堂207）から礎石上端の高低差（表の較差）は最大三寸二分である。これは根継ぎした長さである。礎石工事が丁寧に行われ、礎石上端が水平であれば継木は不要であった。柱は必要な長さであったが、柱を立てる礎石に高低差があり、柱頂のレベルを揃えるために根継ぎが施されたことがわかる。

以上四点によって、金堂が移築されたと言える。金堂と五重塔が移築されたことがわかったことから、金堂、五重塔と同時に建てられたとされる中門及び回廊も、同じように移築されたこと

表1　礎石高低実測値比較対照表

面	礎石位置	番付	第一回実測値	較差	第二回実測値	較差	前後実測値の差
東面	東北隅	ち二	一・五五〇	・一五五	一・五九〇	・一七五	△・〇四〇
	北より第二	と二	一・六九五	・三〇〇	一・七〇〇	・二八五	△・〇〇五
	同三	ほ二	一・七〇〇	・三〇五	一・七〇五	・二九〇	△・〇〇五
	同四	は二	一・六九五	・三〇〇	一・六九〇	・二七五	・〇〇五
南面	東南隅	ろ二	一・六九五	・三〇〇	一・七〇〇	・二八五	△・〇〇五
	東より第二	ろ三	一・七一五	・三二〇	一・七一〇	・二九五	・〇〇五
	同三	ろ五	一・六一五	・二二〇	一・六二〇	・二〇五	△・〇〇五
	同四	ろ七	一・六〇〇	・二〇五	一・六一五	・二〇〇	△・〇一五
	同五	ろ九	一・五二五	・一三〇	一・五二〇	・一〇五	・〇〇五
西面	西南隅	ろ一〇	一・四六五	・〇七	一・四六五	・〇五〇	・〇
	南より第二	は一〇	一・四六五	・〇七	一・四六五	・〇五〇	・〇
	同三	ほ一〇	一・三九五	・〇	一・四二五	・〇一〇	△・〇三〇
	同四	と一〇	一・四一五	・〇二〇	一・四一五	・〇	・〇
北面	西北隅	ち一〇	一・四二〇	・〇二五	一・四一五	・〇	・〇〇五
	西より第二	ち九	一・四七五	・〇八〇	一・四六〇	・〇四五	・〇一五
	同三	ち七	一・四六五	・〇七〇	一・四七五	・〇六〇	△・〇一〇
	同四	ち三	一・五一五	・一二〇	一・五五〇	・一三五	△・〇三五
	同五	ち五	一・六三五	・二四〇	一・六四〇	・二二五	△・〇〇五
内陣	東北隅	と三	一・七〇五	・三一〇	一・六九五	・二八〇	・〇一〇
	東面中央	ほ三	一・六八五	・二九〇	一・六九五	・二八〇	△・〇一〇
	東南隅	は三	一・五九〇	・一九五	一・六〇〇	・一八五	△・〇一〇
	南面東脇	は五	一・四八五	・〇九〇	一・四九五	・〇八〇	△・〇一〇
	同西脇	は七	一・四九〇	・〇九五	一・五〇〇	・〇八五	△・〇一〇
	西南隅	は九	一・五一五	・一二〇	一・五一五	・一〇〇	・〇
	西面中央	ほ九	一・五〇五	・一一〇	一・五二〇	・一〇五	△・〇一五
	西北隅	と九	一・四九五	・一〇〇	一・五一五	・一〇〇	△・〇二〇
	北面西脇	と七	一・五〇五	・一一〇	一・四八五	・〇七〇	・〇二〇
	同東脇	と五	一・六一五	・二二〇	一・六一〇	・一九五	・〇〇五

は疑えないであろう。

すなわち、解体修理工事の調査で得られた事実から、法隆寺西院伽藍（講堂を除く）が移築されたことが判明する。このことは和銅三年（七一〇）に西院伽藍が建立されたとするこれまでの研究成果が、より具体的に、和銅三年（七一〇）に西院伽藍の移築工事が完成したと訂正される。

浅野氏の論理の再検討

古代の建築物を専門とする研究者や、建築史、美術史の研究者にとっては以上の指摘のみでは納得がいかないかもしれない。専門家にとって浅野清氏の論は強固な存在である。ここで浅野氏の論の基本となっている「垂木が一度も打ち替えられたことがない」とした論理を再検討してみたい。『法隆寺建築の研究』から引用すると、

金堂及び塔の垂木は奥が内部の桁上に達し、柱上にあたる側桁と斗栱によって持ち出された出桁の上に架け渡されて、各桁に釘止めされる。出桁外へ長く突き出した先端には桁と平行する茅負が打たれ、茅負両端は隅方向に持出される隅木に終わり、隅部分の垂木両端はこの茅負と隅木に釘どめされるのである。そしてこの垂木の奥端上には、上層の柱下に横たえられる頑固な柱盤がのり、上部の荷によってこれを押えるので、最上層の垂木を除き、その徹底的な取

り替えは容易な仕事ではない。
金堂初層の垂木は断面図に見るように取り替えが容易でない構造になっていることが述べられている。

垂木は軒先と奥とで天秤になっている構造材だから、その一部だけを切りつぐことはできず、使用不能になったものは一本完全に取り替えてしまわなくてはならない。したがってこれを取り替えるには、瓦を取り外したうえ、桁を止めた釘を抜き去って、柱盤に咬まれているのを無理に抜き取り、新垂木を挿し込んで、その奥を柱盤下に突き込み、桁へ釘どめするのである。
垂木の構造力学的な分析をもとに取り替えがどのように行われたかが述べられている。

垂木をとめた釘は大別して三種に分けることができ、一度も打ち替えた痕跡のない垂木に用いられていて、当初の釘とみられたものは角釘の頭が少し広められて、打ち止めできるようにした硬質のものであった。

垂木をとめた釘のうち当初の釘が角釘であったことが述べられている。

角釘を使用したもので、桁にも垂木にも余分の圧痕や釘穴をもたないものは最初から一度も打ち替えられていない垂木に相違なく、このような垂木が毎層数本ずつ存在したことは、明らかに建物が根本的に解体されたことのない証拠となるのであって、きわめて重大な事実であった。

「最初から一度も打ち替えられていない垂木に相違なく」と判断されている。金堂初重の垂木では図7からも明らかなように、このように判断された垂木は三本である。次の文はこの垂木の形状や加工の様子が述べられている。建立当初の垂木が他の垂木と異なっており、分類が可能であったことが述べられている。

垂木のうち、建立以来一度も打ち替えられていないものは、建立当初のものであることを明示するが、この種のものは当然のことながら、風蝕も他に比べてもっともはなはだしく、すべて心持材で、垂木幅も広く、断面正方形に近く、斧のような刃幅の広い道具で荒く仕上げられていた。次に垂木に一度も打ち替えられた痕跡はないが、桁に余分の釘穴一個限りを残し、釘

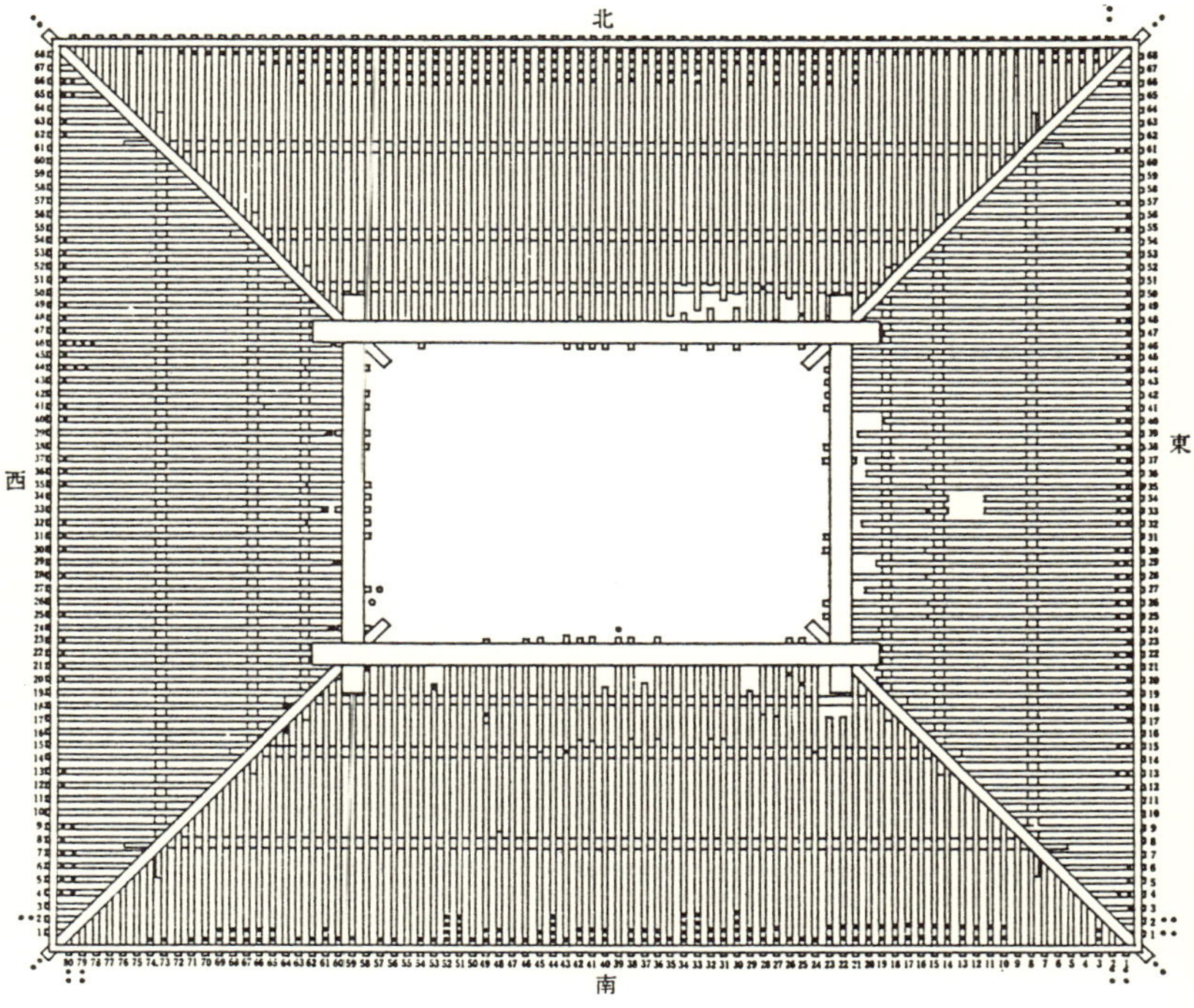

図ー7　金堂初層垂木調査図解（浅野清『法隆寺建築の研究』中央公論美術出版より）

は古い方の巻頭釘を使うか角頭釘を再用しているものは、第一次修理の補足材と判定され、そのものは断面幅がやや狭く、心去り材で、釿（ちょうな）仕上げのままのものが多かった（鑓鉋（やりかんな）仕上げの混じるものもあった）。（中略）

試みに金堂初重垂木について以上の類別を図示してみると挿図11（図7）のようになる。●印が一つのものは第一回修理、二つのものは第二回修理、三つのものは第三回の修理にあたる慶長修理、四つのものは最後の修理である元禄修理の取り替え材であることを示す。印のないものはすべて当初材、奥端に○印したものは建立以来まだ一度も打ち替えられたことのないものを示し、奥端に黒印を付したものは最初の修理に奥先入かえにして、奥に旧先端を残し、軒出復原の資料となったものである。

「奥端に○印したものは建立以来まだ一度も打ち替えられたことのないものを示し」とある。図7からその垂木は南39・西26・西27の三本である。これら三本は述べられているように建立当初のものと分類された。そう判定されることになった要因として次の六点が挙げられている。

① 風蝕が他に比べてもっともはなはだしい。

② 心持材である。

③ 垂木巾が広い。

④　断面が正方形に近い。
⑤　斧のような刃幅の広い道具で荒く仕上げられている。
⑥　角釘を使用している。
これに対して「●印が一つのものは第一回修理の取り替え材であることを示す」と判定されることになった要因として次の四点が挙げられている。
①　釘は古い方の巻頭釘か、角釘を使用している。
②　断面巾がやや狭い。
③　心去り材である。
④　釿仕上げ又は鏟仕上げである。
このように使用された釘だけでは判定出来ないが、垂木自体の風蝕状況・心持材か心去り材か・断面形状・仕上げの四点によって建立当初のものと第一回修理のものとが判定されている。

ところで「印のないものはすべて当初材」と記された垂木は、東42・東31・南55・西34・西38・西42の六本である（隅木に付く垂木は除外した）。この六本の垂木はすでに述べた「打ち替えられたことのない」三本の垂木とともに建立当初のものである。すなわち建立当初の垂木のなかに、桁にも垂木にも余分な釘穴を持たない三本と、桁か垂木に余分な釘穴を持った六本があった。前者を「打ち替えられたことのない」垂木とした時、後者は打ち替えられた垂木である。垂木は「軒先と奥とで天秤になっている構造材」であり、「取り替えは容易な仕事ではない」。第四回修理のものと分類された垂木などは柱盤の手前で終わっている場合があるほどに困難であった。「印のないものはすべて当初材」と記された六本の垂木が、図7に見るように垂木として完全な形で位置を取り替えられている（打ち替えられている）ことをどのように説明するのであろうか。浅野氏はこの六本が氏の論理と矛盾しているからか、説明をせずに済ませておられる。

浅野氏が「奥端に○印をしたもの」を「建立以来まだ一度も打ち替えられたことのないもの」と判定されたことに誤りがある。これらの当初材とされる九本の垂木は移築時に打たれ、その後、解体修理工事まで打ち替えられることのなかった垂木である。移築にもかかわらず、三本の垂木で打たれた釘が新築時の釘穴にたまたま一致した。他の六本は釘穴がずれたことは言うまでもない。金堂初重の垂木の示している事実も、建物が移築されたと判定すべき内容である。

このように修理報告書に報告されている事実は理性的に考察すれば、建物が移築されたことを示している。

第2章　解体修理工事報告書の三つの事実

筑紫大宰府観世音寺研究の現状

法隆寺西院伽藍はどこの建物が移築されたのであろうか。大和の地をはるかに離れた筑紫大宰府都城の観世音寺であると言ったら驚かれるであろう。それを証明する前に観世音寺研究の現状を述べたい。(なお、現・観世音寺が移築説をとられているわけではない。)

文献に観世音寺の名が見えるのは『續日本紀』七〇一年が最初である。それ以前を知る手掛かりとなり得る資料は、かろうじて残る遺跡と、現在の観世音寺に残る菅原道真によって歌に歌われた鐘と、東京芸術大学に所蔵されている『延喜五年観世音寺資財帳』と、一枚の絵図である。

この絵図について、鏡山猛氏は『太宰府遺跡』の中で次のように述べられている。

観世音寺に古図が一幅あることはよく知られている。この図には寺の主な建物が描かれ、現在の建物あるいはその跡から判断して相当の根拠を持った図と見える。ただ描かれた年代がは

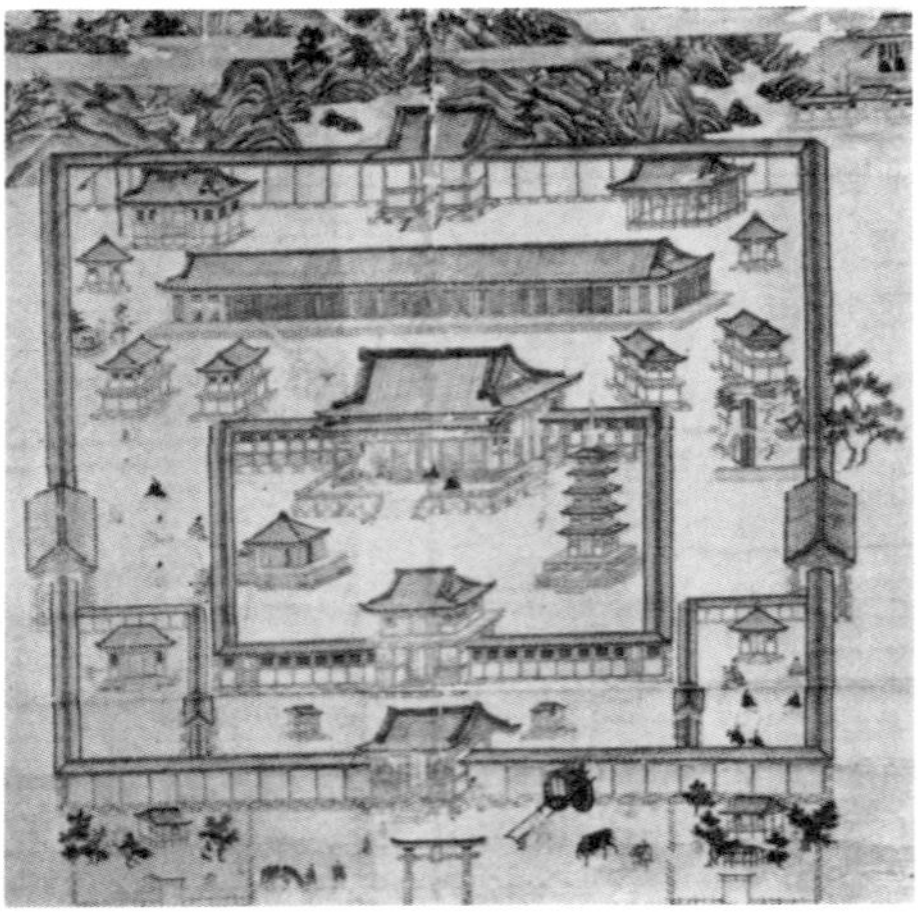

観世音寺絵図（口絵参照）

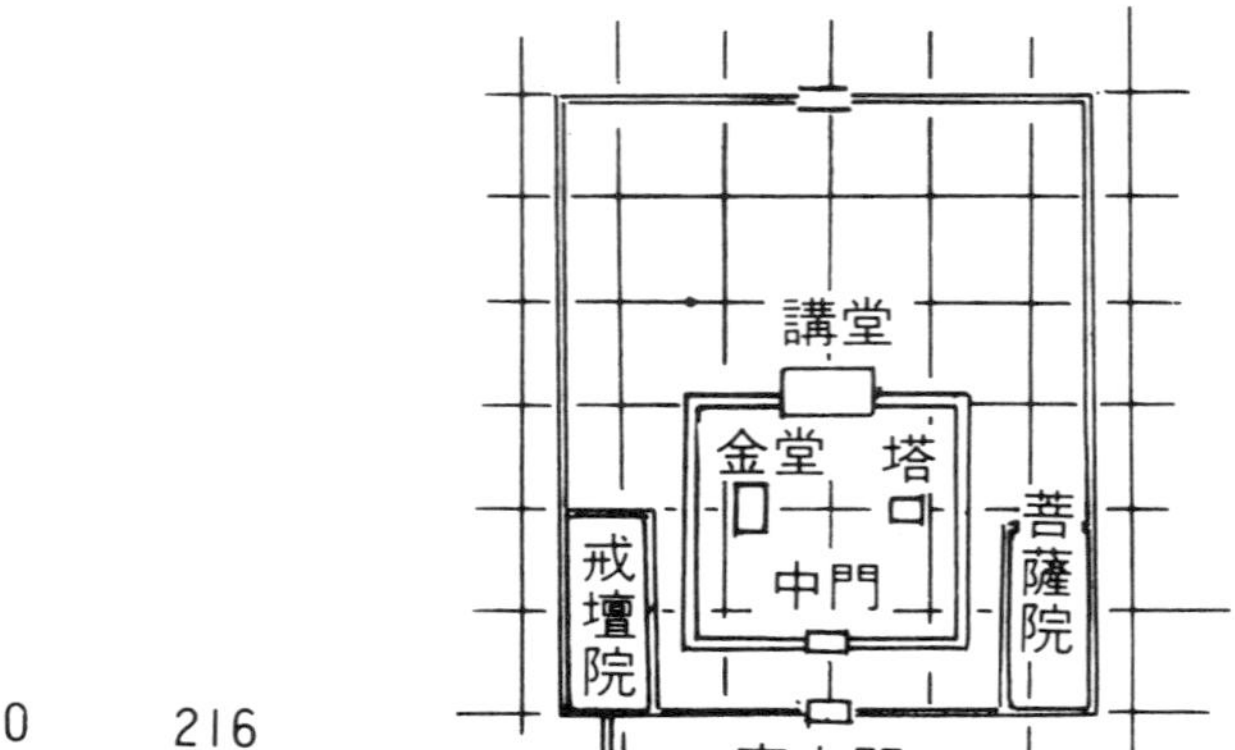

図―8　鏡山氏の伽藍配置復原案

写真5　法隆寺中門（浅野清『法隆寺建築の研究』中央公論美術出版より）

っきりしないが、戦前に前住職から次のような諸記録を見せて頂いたことがある。今まであまり紹介されていないのでここに記しておこう。

絵図軸木の書付

絵図幻世号（絵書共同人）
大宰府観世音寺絵図書写畢
時留守清建立畢
大永六年丙戌九月十五日
天長地久御願円満寺内繁昌心中所求皆今満足如意吉祥也
承応三年九月十八日
表具仕　福岡住橋本七兵衛

これによると古図は室町時代、大永六年（一五二六）に写されたもので、原図はこれよりも古く描かれたものであることがわかる。江戸時代、承応三年（一六五四）に表装した時に古い軸木を取り替えたものか、現在の軸木には記銘はない。

絵は中門を入って右手に五重塔、左手に金堂、そして正面に講堂を描いている。金堂は方形屋根の一層の建物で、右上に描かれた貴族の邸宅らしい建物に比較しても、貧弱というほかない。講堂の正面に座った三、四人や、左中央の庭や右下の堂の前の人びとや、門前の牛車などの点景から、絵は平安時代の様子を描いていると考えられる。つまり絵から解釈すると平安時代は金堂が一層の建物だったことになる。ところが『延喜五年観世音寺資財帳』(九〇五年)には「二層金堂」と記載されており、一層の建物ではなかったことは明らかである。これは資財帳が作られる以前に絵が描かれたこと、そして本当の姿を描くことがタブーであったかのような、何か特別な制約のもとにあったとする以外に説明の付かないことだ。また中門は一層目に屋根がなく、代りにベランダが回る造りで、現存する日本建築に例を見ない。絵が描かれた条件からすれば、法隆寺の中門(写真5)の姿を意図的に変えて描いた可能性を否定できないのである。

現在の観世音寺には塔の礎石が残っている。鏡山氏は残存礎石の調査や、金堂跡、中門跡の発掘調査を行われ、観世音寺の伽藍配置図(図8)を発表されている。推定された伽藍は絵図に描かれた姿と一致している。金堂の規模は発掘によっても推定出来ないようであるが、金堂の基壇は二時期のものが検出されており、ともに長軸を南北にとっていることや、絵図に見える金堂や現金堂が東面していることから、東面金堂であったと考えられている。

以上がこれまでの資料から知り得ることである。すなわち観世音寺の伽藍配置と、絵図の伽藍配置は一致するという点である。

それでは法隆寺は観世音寺を移築した建物だということを証明しよう。法隆寺の解体修理工事報告書の中に、三つの事実が記されている。この三つの事実は法隆寺にあっては不自然か、さほど意味を持たない内容であるが、観世音寺での事実とすると命を甦らせる。

基壇について

法隆寺西院伽藍の正面入口である中門から金堂と五重塔を見ると、次の共通点を見出す。（図9）

① 勾欄（こうらん）の卍崩しの格子
② 裳階（もこし）部分のデザイン
③ 基壇部分のデザイン

その他同じ屋根瓦を使っていたから、軒先の見え方も同じであったと思われる。

形の異なる建物であるが、デザインの要素は共通であり、二つの建物が並んで建つことを意識して設計されていることは当然のこととして認められるであろう。

図10は法隆寺五重塔下部の断面図である。解体修理工事の中で、金堂、五重塔の基壇の外装石が調査され、創建当初の石の組み方が復元されている。五重塔の基壇について次の記述がある。

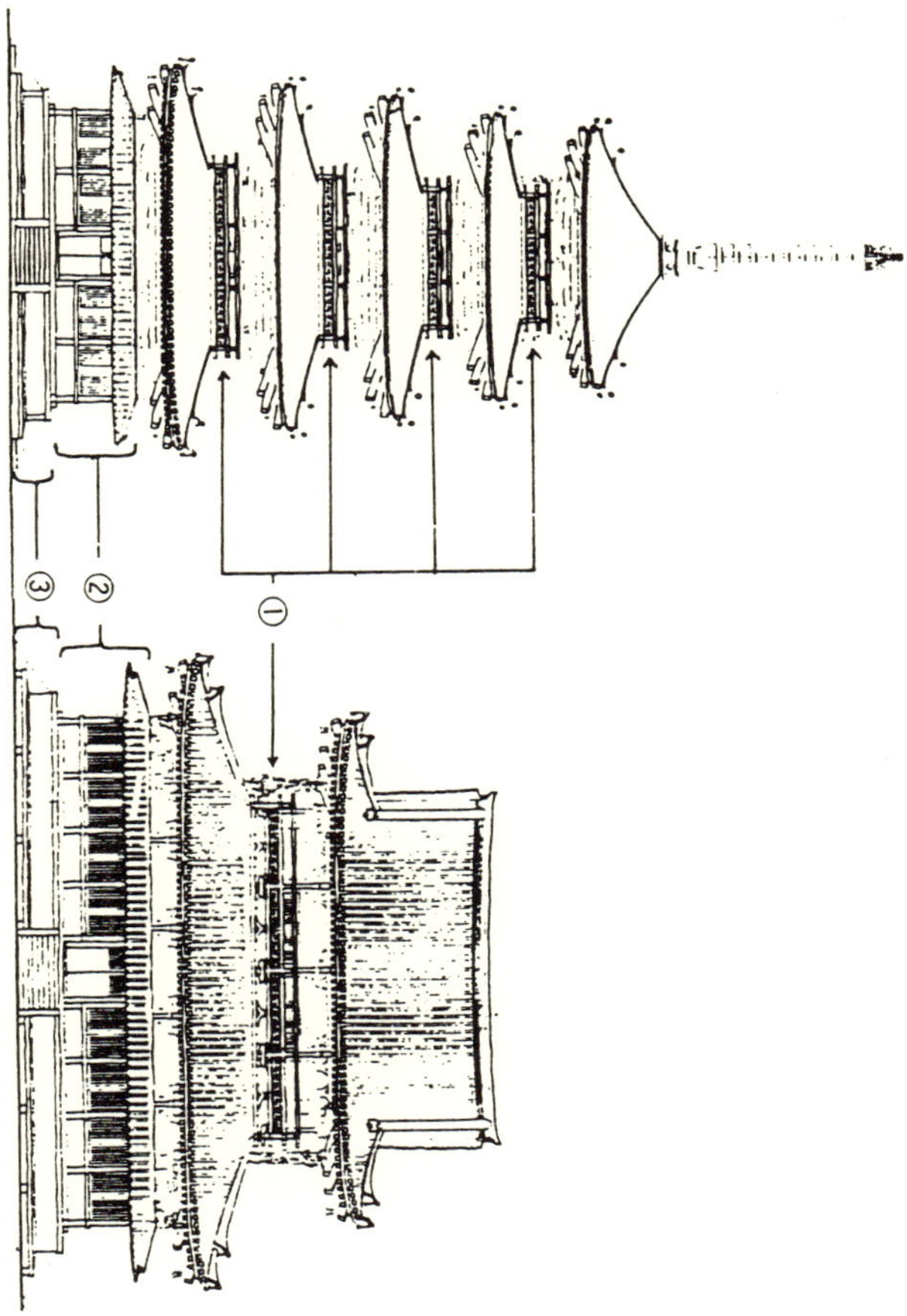

図—9　法隆寺南立面図

この組立によれば、隅組の方法は羽目石㋑・地覆石㋺共東西方向のものが木口を東西に向け、南北方向のものがそれらの石に胴付となる組方になる。（塔119）

この文の内容を模式図で示すと図11となる。南（中門）から見た基壇の羽目石の姿図は図12となる。

金堂の基壇について次の記述がある。

下成基壇は地覆石を据替えず、葛石も総て旧材を再用したから当然従前通りであるが、上成基壇も従前通りとした。尤も、上成基壇の地覆石は羽目石と同様、東西両面のものが延びて南北両面に夫々小口を出していたのではなかろうかと考えられる節があった。（堂56）

この後半に書かれた内容が当初の石組を述べているが、このことは『法隆寺建築の研究』によりはっきりと述べられている。前半は五重塔の石組について述べられている。

地覆石・羽目石とも南北面のものが東西に木口を見せ、東西面のものは木口を見せないように組まれていたことがわかった。これが金堂基壇では反対に東西面のものが南北に木口を見せている。

金堂の石組の模式図は図13となり、基壇の羽目石の姿図は南から見た図14と、西から見た図15となる。

法隆寺の中門を入って、金堂、五重塔を見た場合、この石組の法則にしたがって復元すると図16のような基壇の姿である。金堂の左右には石の小口が見えるのに対して、五重塔は小口の見えない石積みとなっている。

法隆寺の金堂、五重塔が最初からそう設計されたとは思われない。ところが、観世音寺にあったものとすると、観世音寺の中門を入って五重塔は右側にあり、金堂は東面しており左側にあった。基壇の姿は図17となる。ともに小口の見えない石積となっており、並んで建つことを意識して設計されたことを示している。図16と図17を比較すれば、誰しも観世音寺が最初デザインされた姿であることを認めるであろう。法隆寺の基壇に現れた事実は、法隆寺より優れた観世音寺の姿を我々に教えてくれる。

金堂内陣小壁間束について

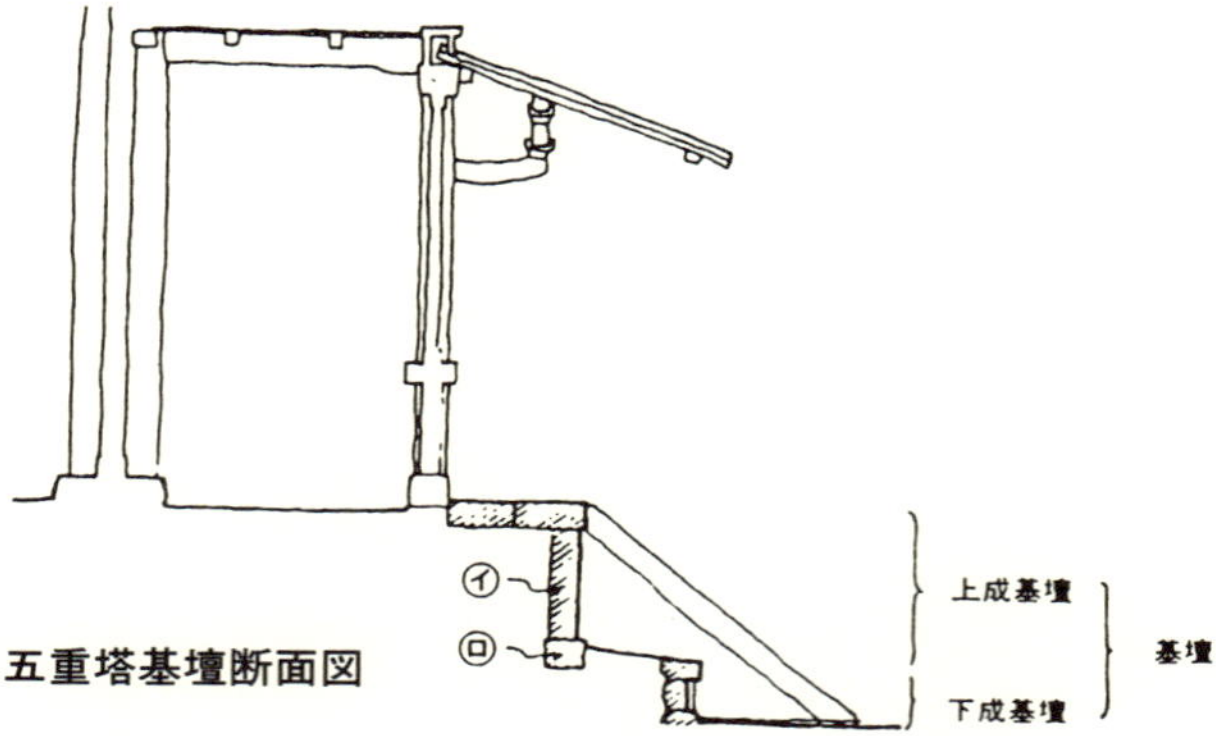

図—10　五重塔基壇断面図

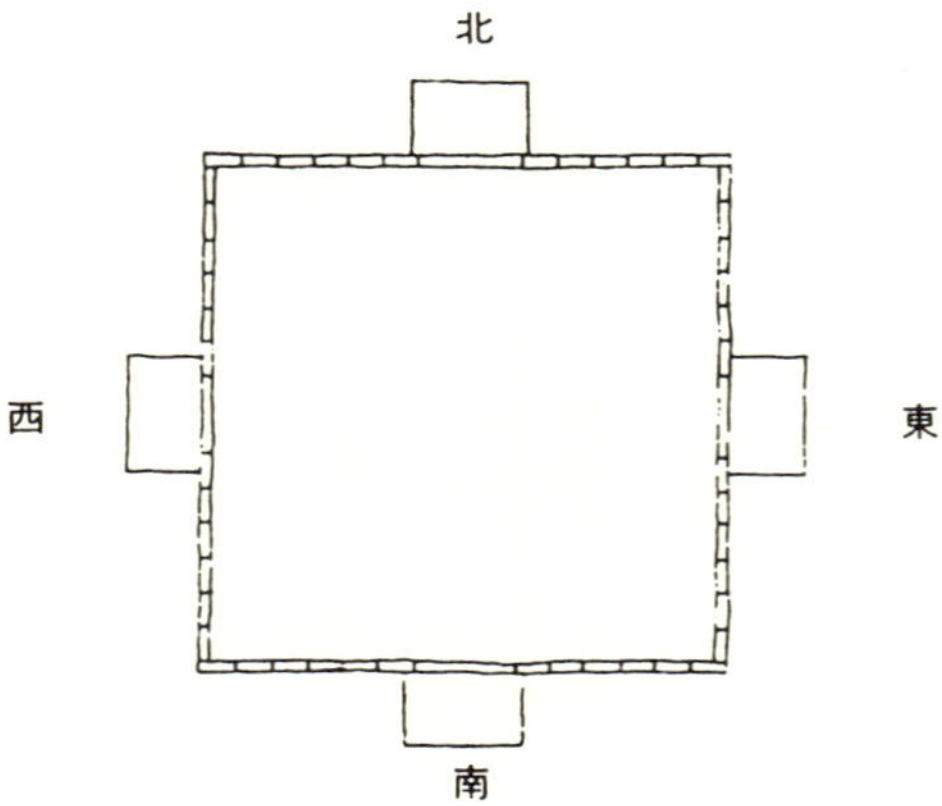

図—11　五重塔基壇の羽目石組模式図

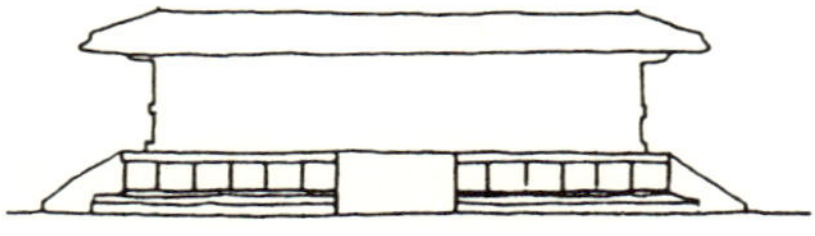

図—12　南から見た五重塔基壇の姿図

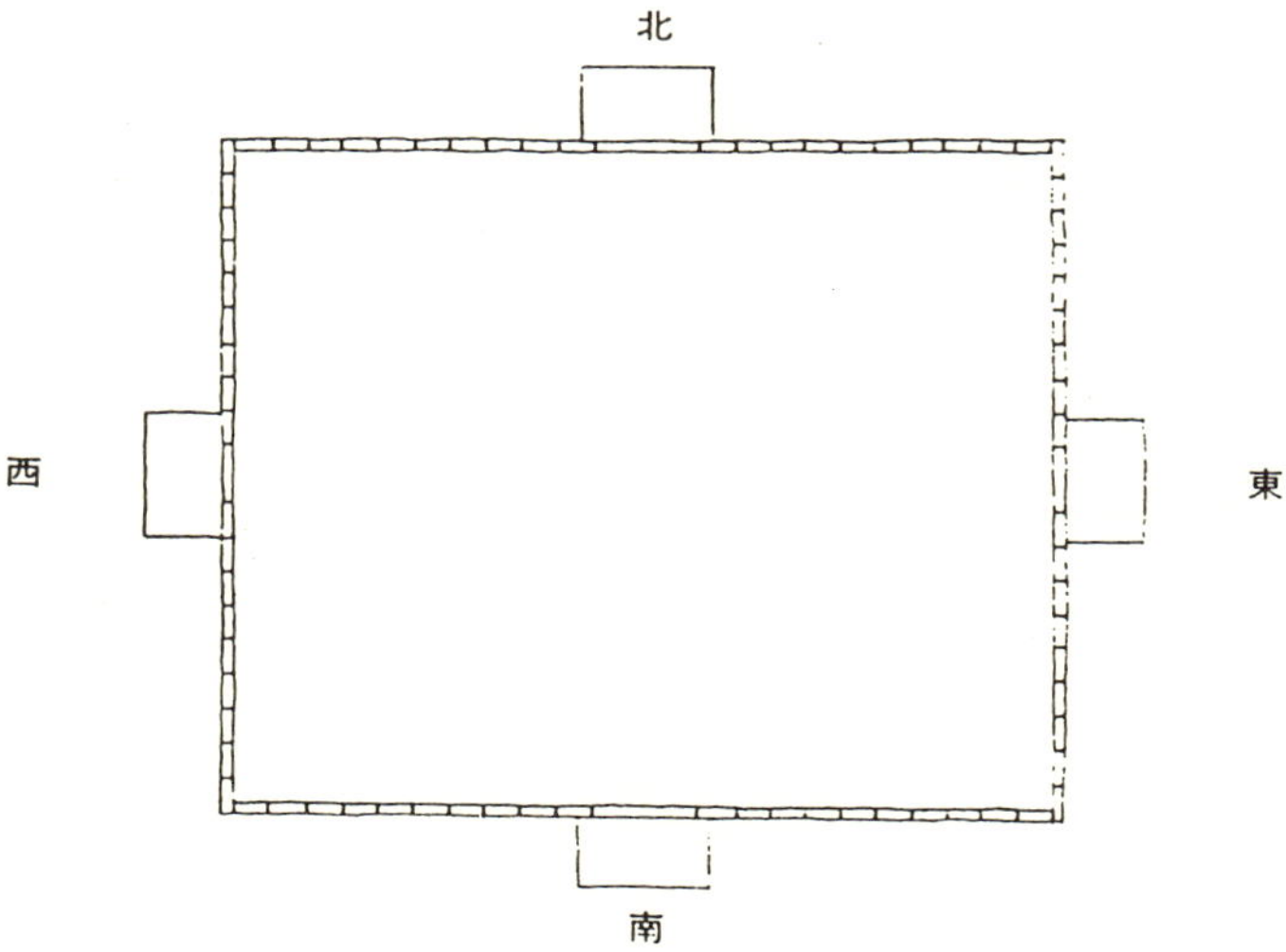

図—13　金堂基壇の羽目石組模式図

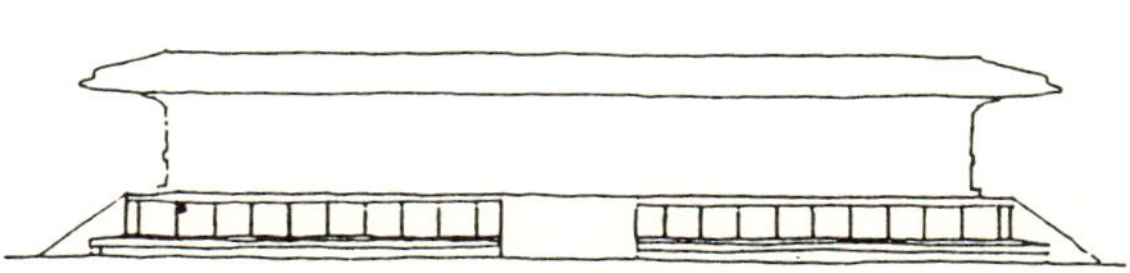

図—14　南から見た金堂基壇の姿図

図—15　西から見た金堂基壇の姿図

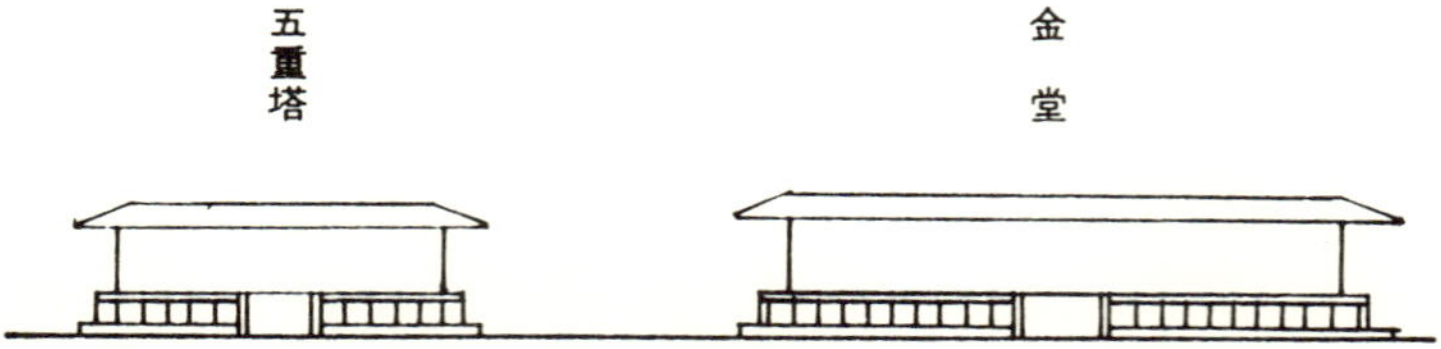

図—16　法隆寺の基壇を南から見た姿図

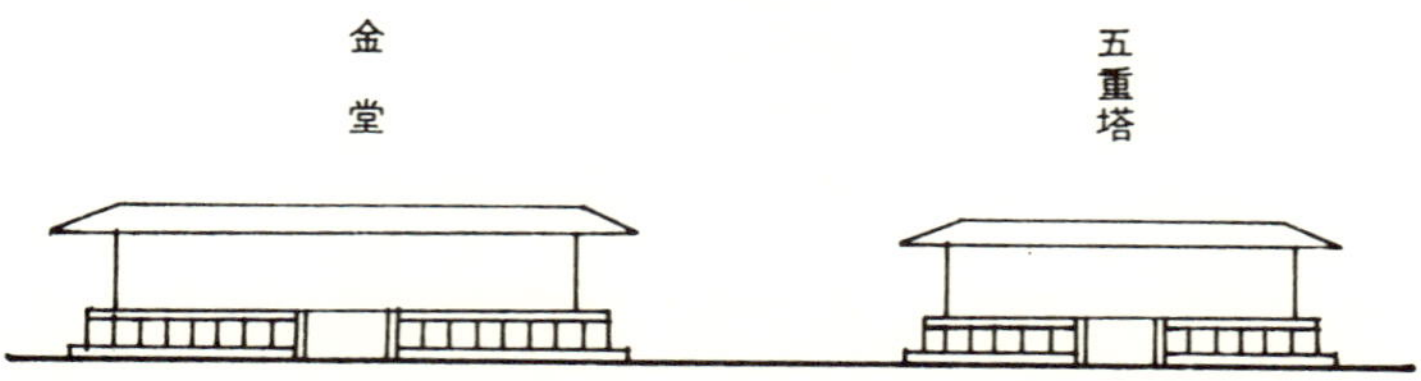

図—17　観世音寺の基壇を南から見た姿図

かつてバチカンのカテドラルでドームの天井裏に「はるけくも来つるものか、ローマの都」と書かれた落書きを見たことがある。俳句が十七文字で一つの宇宙を表現し得るように、短い落書きの中にその人の自己表現がなされていたり、その人にとっての貴重な記録が書かれていたりする。

このような短い文のひとつに符牒がある。当事者にのみ通じ、情報伝達の手段となる暗号だ。建築の世界にも一種の符牒がある。木造建築の部材は一般に少人数の大工によって加工され、特殊な番号（符牒）が振られる。上棟時には多くの人がこの符牒をもとに建物を組み上げてゆく。符牒はその部材が建物のどの位置のものであるのか、符牒の付けられた面がどちらに向くかが示されている。建築の符牒は多くの人が接するために一般性を持っており、しかも単純化されている。符牒付けは大工技術の一つであり、技術の系統によって符牒の表現方法が異なっている。

法隆寺にもいくつかの種類の符牒が残されている。以下はその中の一つについての考察である。金堂の壁画は貴重な人類の遺産とまで言われたが、すでに焼失している。しかし内陣の小壁に描かれた飛天は解体されていて焼失を免れた。この小壁を区切っている束のリストが報告書（堂249・250）にある。東面北より第四の位置にある束の南面上角に墨書が残っている。「巳五内」と書かれており、当初からのものと考えられる（表2）。これはすでに述べた符牒で、建物上の位置を示している。

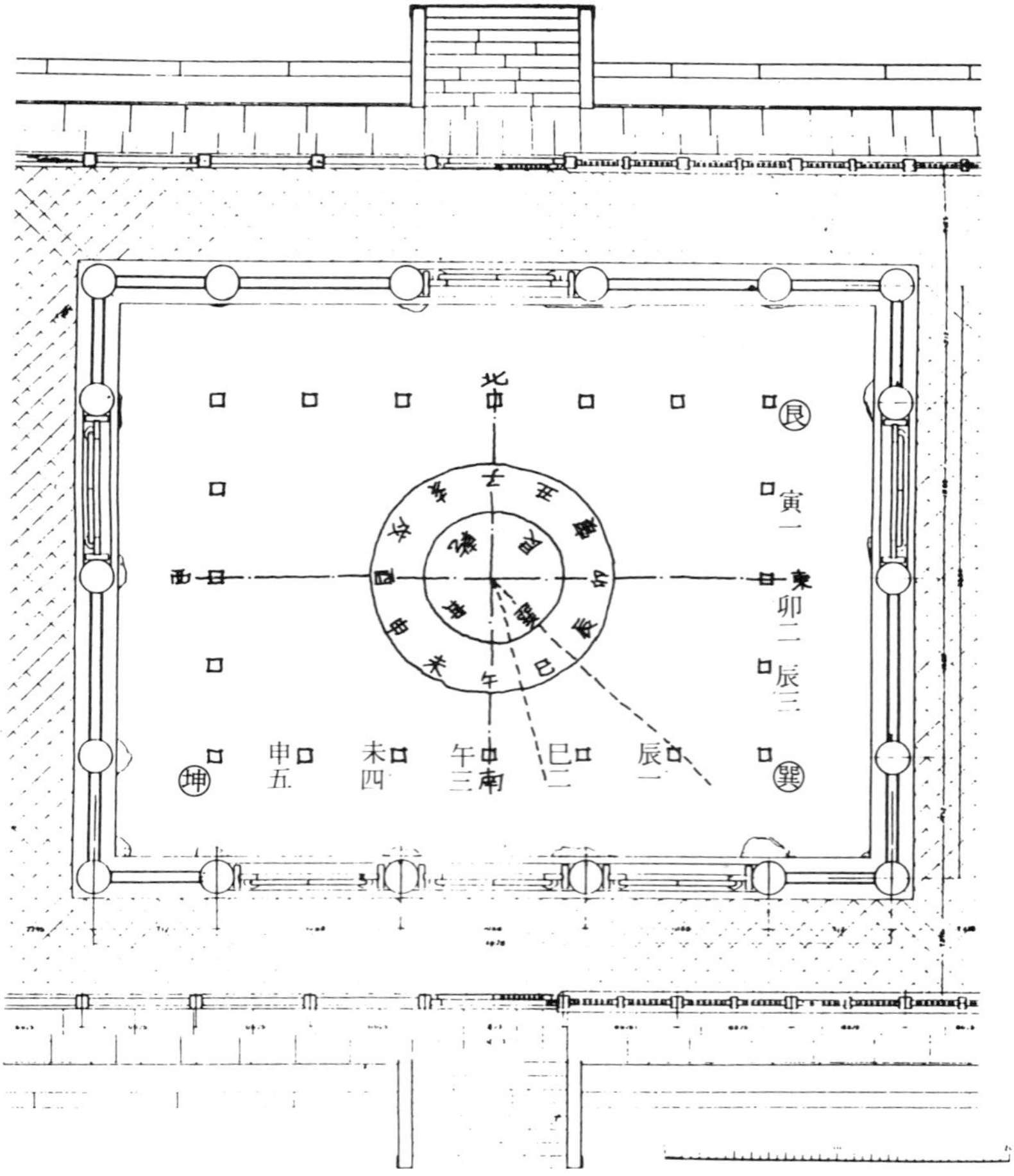

図―18　法隆寺金堂の内陣東平面図に方位図を重ねた図

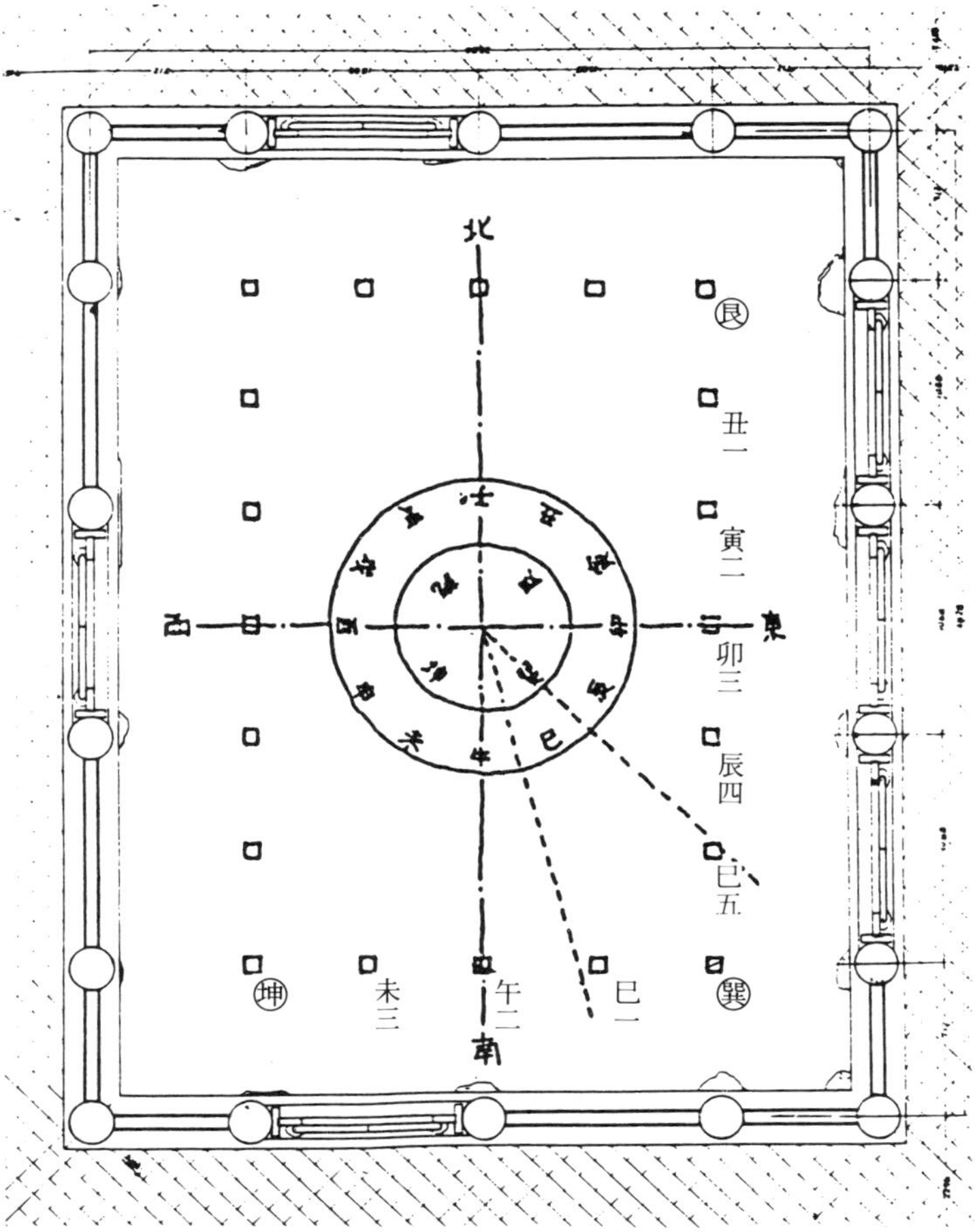

図—19　法隆寺金堂が観世音寺にあったとした場合の内陣束平面図に方位図を重ねた図

図18は内陣小壁間束の配置に方位図を重ねたものである。

束の部材形状は四隅のものと、それ以外のものの二つがある。四隅の束は艮、巽、坤、乾（又は、☰、☴、☶、☷）の符牒を付ければ位置を確定することが出来る。その他の束は図18のように隅束の間を子、丑、寅……の順（時計回り）に一、二、三……と順番を付け、さらに子、丑、寅……の方位を併用して位置を確定したと思われる。

このように符牒が付けられたとすると、「巳五内」の墨書のあった束は図18の「辰三内」の符牒が付けられる束のことである。また巳の方向の束は「巳二内」と付けられたことになる。一、二、三の順番が時計回りと反対に付けられたとする根拠はないが、その場合でも前者は「辰一内」であり、後者は「巳四内」となる。

「巳五内」の墨書が符牒であるとした場合、法隆寺にある金堂では部材の位置を示し得ない。法隆寺金堂が観世音寺にあった東面金堂であるとした場合、内陣小壁間束の配置に方位図を重ねたのが図19である。「巳五内」の束が存在する。「巳五内」は観世音寺を作るために付けられた符牒が残ったことを示している。

五重塔須弥山について

五重塔の初層には仏国土の山、須弥山がつくられている。解体修理工事の記録は次のように記

表2　尾垂木掛下（内陣小壁間）の束実測表

位置	番付	長さ	見付	見込	上枘 長	上枘 径	下枘 長	下枘 径	枘穴高 左	枘穴高 右	枘穴 長×幅×深 左	枘穴 長×幅×深 右	枘穴高 左	枘穴高 右	枘穴 長×幅×深	枘穴 長×幅×深	備考
東北隅	と三	三・八六	・七〇五	・七二五	・一三	・一四	・一三	・一七五	・九九	一・〇二五	・一五×・〇八×・一五	・一三五×・〇八×・一〇	二・〇五	二・〇九	・一三×・〇八×・一五	・一三×・〇八五×・一二	
東面北より第二	へ三	三・八五	・七二	・七二	・一五	・一六	・一六	・一三五	一・〇二	一・〇二	・一四×・〇七×・〇九	・一五×・〇六五×・一二	二・〇八	二・〇八五	・一三×・〇八×・一三五	・一二×・〇八×・〇八	
同　第三	ほ三	三・八四	・七二	・六八	・一四	・一七	・一二五	・一七	一・〇二五	一・〇〇	・一四×・〇八×・一三	・一五×・〇七×・〇九	二・〇八五	二・〇八	・一三×・〇八五×・一二	・一二五×・〇六五×・一〇	
同　第四	に三	三・八六	・七三	・七二	・一四	・一八	・一五	・一八	一・〇三	・九九	・一五五×・〇八×・一三	・一五×・〇七×・一〇	二・一〇	二・〇七	・一三×・〇八×・一三	・一三×・〇八×・一〇	南面上角に「巳五内」の墨書あり。
東南隅	は三	三・八五五	・六九五	・七〇五	・一五	・一七五	・一四	・一八	一・〇三	一・〇〇	・一五×・〇七五×・〇九五	・一六×・〇八×・一六	二・〇六五	二・〇六五	・一四×・〇八×・一三	・一三五×・〇七五×・一五	
南面東より第二	は四	三・八四五	・七〇五	・七〇	・一四	・一七	・一四	・一八五	一・〇三五	一・〇三五	・一三×・〇八×・一〇	・一六×・〇七×・一五	二・一〇	二・〇七五	・一〇×・〇八×・一〇	・一五×・〇八×・一四	
同　第三	は五	三・八五	・七二五	・七二	・一五	・一五	・一四五	・一七	一・〇三五	・九八	・一三五×・〇八×・〇九	・一五×・〇八五×・一三	二・〇九五	二・〇九五	・一〇×・〇八×・〇八	・一三五×・〇八五×・一五	

左右は内陣側より見て左側及び右側とする。

されている。

須彌壇心積日乾土塊や、立上がり塑壁等の一部を残して、各ブロック毎に大外しにして半解体を行ったか、この時四天柱や軸組その他塑形等に現在使用されていない仕口や釘痕その他の痕跡が見出されたので、それらを基礎としてその変遷につき調査を進めた結果、ほぼその旧状を明らかにすることが出来た。（塔122）

現在の須弥山の下に、全く別の姿をした須弥山があったことが述べられている。後に須弥山の項で詳述するが、その復原図も示されている。この過程で克明な調査が行われ、次の事実が指摘されている。

東面は後世の補作修理なく全部当初の山と認められたが、天井の部分に西面と同質の土を使用している箇所があった。（塔123、124）

この事実は右のようにわずかに触れられているだけであるが、東面の須弥山の天井部分が西面の須弥山と連続していた事実があったことを記録している。法隆寺にあっては意味を見出せない

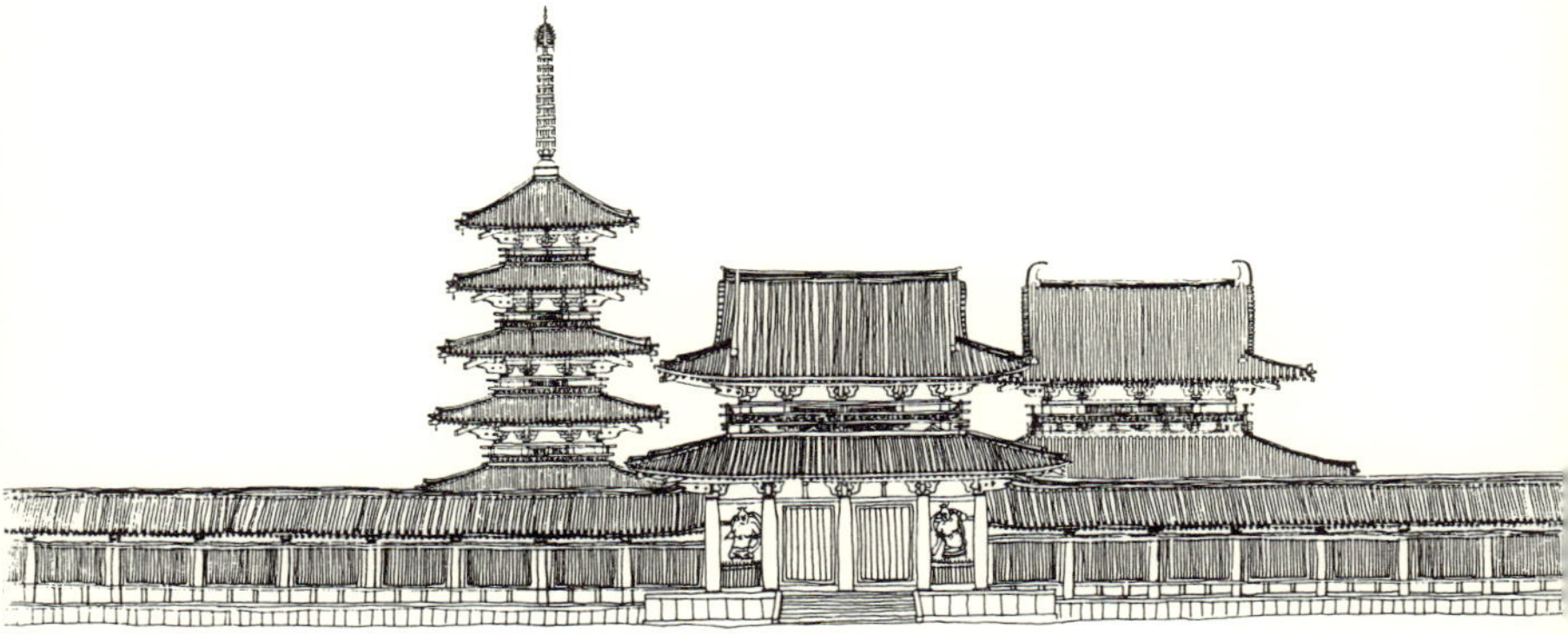

図—20　法隆寺

図—21　観世音寺

まま記録された貴重な事実である。

法隆寺の五重塔が観世音寺にあったものだとすると、観世音寺の伽藍配置図（図8）からわかるように塔は東西逆の位置に建てられており、さらに金堂の正面が東面していることから、塔と金堂と講堂に囲まれた中庭に向かった塔の西面が正面であった。このことから内部の須弥山が正面に向く西面と裏の東面で表現上の違いがあったことも明らかである。塔が法隆寺に移り東西逆の位置に移動したため須弥山の位置も東西入れ替えられたと考えられる。その痕跡が記録されたとする以外にこの事実を説明することは出来ないであろう。

以上の三つの事実は法隆寺の金堂、五重塔が観世音寺から移築されたことを証明していると言ってよいであろう。すなわち、法隆寺西院伽藍の同時期の建物とされる金堂、五重塔、中門、回廊は観世音寺を移築したものである。

法隆寺西院伽藍（講堂を除く）の正面図を描くと図20となる。観世音寺の伽藍に建物があった状態（講堂を除く）の正面図を描くと図21となる。大宰府都城の大野の山を背景とした姿を考えたとき、観世音寺は卓抜したデザインで造られている。

観世音寺を移築して法隆寺としたという事実のもつ全体像に至る第一歩を踏んだが、さらに深い理解へ進むために、いつ、だれが観世音寺を造ったかを論証する。法隆寺解体修理工事の中で、発見された事実が、その中で重要な証拠となってゆく。

第II部　日本文化の華・観世音寺の運命

第3章　観世音寺はいつ、だれが造ったか

これまでの研究成果

第一部の論証から明らかなことは、過去に行われた法隆寺創建年代についての研究が意味をなさなくなってしまったことである。しかしながら、実証的研究の中に一つの動かし難い事実があることを指摘したい。

年輪年代測定法という樹木の年輪を用いた精度の高い年代測定法がある。奈良国立文化財研究所が完成した歴年標準パターンと呼ばれる物指しを用いて、法隆寺の部材の測定を行った報告がある。(『建築雑誌』一九八八・七「年輪年代測定法」光谷拓実)

法隆寺の五重塔の心柱は解体修理の際、腐朽していた基部を切断除去し、新材が根継ぎされている。この除去部分から採られた試料は、中心に髄をもつヒノキの心持材で、さしわたし約八十二センチメートルの八角形をしており、心柱の底(根本)から約二メートル上に位置する材である。年輪計測の結果、年輪数は三五一層で、残存最外年輪は五九一年に形成されたものであると

いう報告である。すなわち、五重塔の心柱は樹齢三百数十年のヒノキを五九一年以降に伐採して用いたという事実である。

このことから必然的に観世音寺の建設が五九一年以降に行われたことがわかる。

六月肺出

法隆寺金堂の天井は格縁の上に天井板が張られており、鏡板（天井板の格縁に囲まれた部分）には蓮の花の文様が描かれている。この格縁の天井板と接する部分に数多くの戯書、戯画が発見された。これらは鏡板の文様を描く作業と併行して書かれた創建当初のものであることが報告書（塔290）に指摘されている。この戯書の中に「六月肺出」と書かれたものがある。

浅野氏は『法隆寺建築の研究』の中で以下のように述べられている。

そのうち「六月肺出」（肺は彗星）とあるのは月の名が出ているだけに注意を引くが、この戯書は絵師が実際に彗星を見て、記録したと思われる。夜空を怪しく照らす彗星のことを話しながら、天井板絵を描く彼等の作業の情景が想像できる。

法隆寺建設の記録が皆無であるのにくらべ、東大寺大仏殿のそれは少なからず残っている。その建設過程を表3にまとめ、右側に現在の建築用語で内容の書き替えを行なった。

工事は十五年以上の長期に亘っている。彩色工事は現在と同様、造作・仕上工事の終盤、工事完成の一、二年前から行われている。

「六月肺出」の戯書が書かれたのは、観世音寺の完成直前の彩色工事中である。

フィレンツェの画家ジオットーが一三〇一年九月十五日から四十五日間現れた彗星を絵に描いている。この彗星は中国、日本、朝鮮、ヨーロッパなど各地に記録が残されており、ハレー彗星であることが確められている。

ハレー彗星の周期は七十六年で、六、七世紀には五四一年、六一七年、六九三年と三回現れた。これを観世音寺の建設との関係で見れば、すでに述べた年輪年代測定法で得られた五九一年以降に観世音寺が造られたという事実から、五四一年は除外出来る。また法隆寺移築の完成が七一〇年で、六九三年は移築時期に当たり除外出来る。では、六一七年のハレー彗星が「六月肺出」の戯書とどのような関係にあるかを述べよう。

ハレー彗星は最近では一九八五年の十二月から翌一月にかけて現れている。ジオットーが見てから、六百八十四年(七十六×九)と九十日である。ジオットーが見た時から六百八十四年と九十日さかのぼると何と六一七年の六月から七月に当たる。ハレー彗星の周期は七十六年と十日であり、五四一年は三月から四月にかけて、六九三年は九月から十月にかけて現れたことになる。

表 3　東大寺大仏殿建設過程年表

743	10/15	大仏造立を発願		設計 資材調達
745	8/23	大仏造立を現東大寺地に移す	土工事・礎石工事	
747	9/29	初めて大仏を鋳る		
		この年大仏殿を造り始む		
748	9/7	造東大寺司初見		
749	4/1	天皇・大仏前殿にて像を拝す		刻み （下準備）
	10/24	大仏鋳造終る		
	12/	大仏螺髪を鋳始む		
750	8/	大仏殿の礎石をつくる		
	1/14	天皇幸し木工寮長上神磯部国麻呂を外従五位下に叙す		
751	6/	大仏の螺髪を鋳造終る		建前 （組立）
		大仏殿建立		
752	4/9	大仏開眼供養		造作 仕上
754	4/5	鑒真・大仏殿前にて天皇以下440人余に戒を授く		
756	8/14	造東大寺司・瓦三万枚の製造を興福寺に請う		
757	2/24	大仏殿の垂木枚金をつくる		
758	2/	大仏殿天井を彩色		
759	3/	大仏殿廂を彩色		
760	7/23	造寺ほぼ終る		

観世音寺で絵師達が見た彗星は六月に現れており、この六一七年のハレー彗星である可能性が大きい。

融天師彗星歌

観世音寺のある大宰府の北約三百キロメートルに位置する新羅でも彗星の記録が残っている。『三国遺事』の真平王代の話である。

第五番目の居烈郎、第六番目の実処郎、第七番目の宝同郎ら三人の花郎が、楓岳に遊ぼうとしたとき、彗星が心大星の近くに現れた。花郎たちが(これを見て)訝(いぶか)り、旅行を中止しようとした。このとき、融天師が郷歌を作って歌うと、怪星はただちに消えてしまい日本軍も本国にもどっていって、かえってめでたいこととなった。大王(真平王)が喜んで花郎たちを楓岳に遊びにつかわした。郷歌はこういっている。

東辺の昔の渡し場、乾達婆の遊びし城を望む(ここはかつて)倭軍攻め来たるとて炬火あげし国境なり。三人の花郎、名山に遊ばんとするを聞き、月の船も急ぎ行くとき、(そを)彗星なりと申せし人あり。ああ、とどろとどろに飛び去りぬ、友よ、怪しき彗星のごとき、いかであらむや。(金思燁訳)

これは真平王の近侍が山遊びをしようとした時の話である。まず、真平王の治世は五七九年から六三一年であり、六一七年を含む。次に山遊びをする時期は初夏と思われ、六一七年の六月にハレー彗星を見た記録である可能性は大きい。

大宰府都城と新羅で六一七年のハレー彗星を見たとすると、観世音寺では工事が完成直前であり、しばらくして完成を祝う盛大な催しが行われたことが十分考えられる。「融天師彗星歌」には彗星の話に続いて日本軍(倭軍)が本国にもどっていったと語られており、観世音寺の完成を祝う催しのために大宰府都城に戻ったことが推測できる。

「六月肺出」と「融天師彗星歌」が六一七年のハレー彗星を記録しているとの仮説から、観世音寺がその翌年の六一八年頃に完成したと推定出来る。このことは次章で新しい事実によって追証明される。

釈迦三尊像光背銘

法隆寺金堂内陣中央に安置される釈迦三尊像が金堂と一体の作品であることに疑いを持つ人はいない。金堂が移築されたことから釈迦三尊像は、もともと大宰府都城の観世音寺にあったことがわかる。光背銘は以下のように記されている。

法興元卅一年歳次辛巳十二月鬼
前太后崩明年正月廿二日上宮法
皇枕病弗悆干食王后仍以勞疾並
著於床時王后王子等及與諸臣深
懐愁毒共相發願仰依三寶當造釋
像尺寸王身蒙比願力轉病延壽安
住世間若是定業以背世者往登浄
土早昇妙果二月廿一日癸酉王后
即世翌日法皇登遐癸未年三月中
如願敬造釋迦尊像并俠侍及莊嚴
具竟乘斯微福信道知識現在安隠
出生入死隨奉三主紹隆三寶遂共
彼岸普遍六道法界含識得脱苦縁
同趣菩提使司馬鞍首止利佛師造

〈読み下し文〉

法興元三十一年、歳次辛巳（六二一）十二月、鬼前太后崩ず。

明年（六二二）正月二十二日、上宮法皇、枕病して悆（よ）からず。

干食王后、仍（よ）りて以て労疾し、並びに床に著（つ）く。

時に王后・王子等、及び諸臣と与（とも）に、深く愁毒を懐（いだ）き、共に相発願す。

「仰いで三宝に依り、当（まさ）に釈像を造るべし。尺寸の王身、此の願力を蒙り、病いを転じ、寿を延べ、世間に安住せんことを。若し是れ定業（じょうごう）にして、以て世に背かば、往きて浄土に登り、早く妙果に昇らんことを」と。〔四字十句〕

二月二十一日、癸酉、王后、即世す。

翌日（二月二十二日）、法皇、登遐す。

癸未年（六二三）、三月中、願の如く、釈迦尊像并びに挾侍及び荘厳の具を敬造し竟る。
斯の微福に乗ずる、信道の知識、現在安穏にして、生を出で死に入り、三主に随奉し、三宝を紹隆し、遂に彼岸を共にせん。六道に普遍する、法界の含識、苦縁を脱するを得て、同じく菩提に趣かん。〔四字十一句〕
使司馬・鞍首・止利仏師、造る。
（古田武彦氏の読み下し・『古代は輝いていた』所収）

観世音寺にあった釈迦三尊像のこの銘文から、どのようなことがわかるのであろうか。以下に列記しよう。

① 法皇は大宰府都城を中心とする国の王であり、上宮法皇と送り名された。
② 法皇が亡くなったのが法興元三十二年（六二二）であり、上宮法皇の治世は法興元年（五九一）に始まり、三十二年間続いた。
③ 釈迦三尊像は「釈迦尊像并びに挾侍」が正式の名称で、「尺寸の王身」とあるように上宮法皇をモデルに作られている。
④ 観世音寺の完成が六一八年頃であり、観世音寺の建設は上宮法皇の治世に行なわれた。

このように釈迦三尊像光背銘が聖徳太子のことを記しているとするこれまでの説は誤っていた

ことがわかる。さらに諸文献に聖徳太子が（斑鳩の地に）法隆寺を造ったとあるのは事実ではなく、上宮法皇が大宰府都城に観世音寺を造ったのが事実である。

薬師像光背銘

法隆寺金堂の仏像群に関して『法隆寺』に宮上茂隆氏が大略左記の解説を述べられている。

法隆寺金堂の内陣には、現在中央に釈迦三尊像、東に薬師像、西に阿弥陀像が安置されている。しかし最初は中央に薬師像、東に釈迦三尊像という配置であったと考えられる。平安中期、金堂東の間の天蓋が落下し大破した。このときの被害の痕が薬師像でなく、釈迦三尊像のほうに認められる。大光背の縁のまわりについていた十三体の飛天は失せ、縁の先端の部分が前方に折れ曲がっている。つまり、天蓋が落下したとき東の間には、まだ釈迦三尊像はあったことになる。ところが、十一世紀後半の記録では、薬師像と釈迦三尊像の配置が入れかわって、いまと同じになっている。

薬師像がすでに検討した釈迦三尊像と共に、金堂の主仏であることがわかる。この薬師像にも光背銘が刻まれている。以下に示そう。

池邊大宮治天下天皇大御
身勞賜時、歳
次丙午年、召於大王天皇
与太子而、誓願賜、我大
御病大平欲坐、故将造寺
薬師像作仕奉詔、然
當時崩賜、造不堪者、小
治田大宮治天下大王天
皇及東宮聖王、大命受賜
而、歳次丁卯年仕奉。

〈大意〉

池辺大宮治天下天皇（用明天皇）が病気になられた。病気を治す為に寺を造り、薬師像をつくろうとされたが亡くなられた。大命の実現の為に小治田大宮治天下大王天皇（推古天皇）及び東宮聖王（聖徳太子）は歳次丁卯年（六〇七）に寺を造り、薬師像をつくり仕え奉る。

薬師像光背銘は「推古天皇と聖徳太子が六〇七年に（法隆）寺と薬師像をつくった」と記している。また、『西院資財帳』に次の記述がある。

奉為池邊大宮御宇
天皇并在坐御世御世
天皇、歳次丁卯、小治田
大宮御宇
天皇并東宮上宮聖徳法王、
法隆學問寺、并四天王寺、
中宮
尼寺、橘尼寺、蜂岳寺、
池後尼寺、葛城尼寺乎、
敬造仕奉

〈読み下し文〉
池辺大宮御宇天皇（用明天皇）並びに歴代の天皇の為、歳次丁卯（六〇七）に小治田大宮御宇天皇（推古天皇）並びに東宮上宮聖徳法王（聖徳太子）が法隆学問寺並びに四天王寺、中宮尼寺、橘尼寺、蜂岳寺、池後尼寺、葛城尼寺を造り仕え奉る。

金𣶏銅薬師像壹具
右奉為池邊大宮御宇天皇、
小治田大宮御宇天皇、
并東宮上宮聖徳法王、丁
卯年敬造請坐者

〈読み下し文〉
金𣶏銅薬師像壹具
右は池辺大宮御宇天皇（用明天皇）の為に、小治田大宮御宇天皇（推古天皇）並びに東宮上宮聖徳法王（聖徳太子）が丁卯年（六〇七）に造り安置されたもの。

この二つの文を合せると「推古天皇と聖徳太子が六〇七年に法隆寺と薬師像をつくった」と記されている。薬師像光背銘と『西院資財帳』の内容は全く一致している。しかし、すでに明らかなように、上宮法皇によって大宰府都城に観世音寺が造られている。

『日本書紀』が造作された歴史書であることは多くの人によって指摘されてきたが、どのような造作が行われているかを具体的に述べた人はいない。推古天皇と聖徳太子が六〇七年に法隆寺と薬師像をつくったという虚偽が金石文である薬師像光背銘と文献である『西院資財帳』に記されたことがここに明らかになった。『日本書紀』をはじめ大和政権が残した文献の解明は、上宮法皇の業績を（推古天皇と）聖徳太子の業績とする置き替えが行われていることを確認することから、第一歩が始まるであろう。

『隋書』俀（たい）国伝

筑紫大宰府にあって、上宮法皇は五九一年から六二二年まで国を治められた。中国の正史である『隋書』の俀国伝には六〇七年に当たる大業三年に多利思北孤が隋の煬帝に遣使したことが述べられている。遣使が持っていった国書には次のように記されていたことはよく知られている。

其国書に曰（いわ）く、「日出処（ひいずるところの）天子、書を日没処天子に致す、恙無（つつがな）きや」云々この出来事が『日本書紀』にも書かれている。推古天皇十六年（六〇八）の条に、推古天皇と聖徳太子が隋に使を送ったとし、さらに、

其辞曰。東天皇敬白西皇帝。

と、『隋書』に記された多利思北孤の国書をもとにつくられたと思われる文面が記されている。上宮法皇の業績が推古天皇と聖徳太子の業績に置き替えられていることからすれば、『隋書』の多利思北孤は上宮法皇その人である。もっとも、『隋書』を素直に読めば、俀国には「阿蘇山あり」と記されており、九州が中心の国であったことは明白である。

『隋書』の文をもう一つ検討しよう。

開皇二十年（六〇〇）、俀王あり、姓は阿毎、字は多利思北孤、阿輩雞弥（おおきみ）と号す。

俀国王阿毎多利思北孤は大王（おおきみ）と号していた。そしてすでに述べたように、死後、上宮法皇と送り名された。ところが聖徳太子が上宮王と呼ばれていることから聖徳太子はすべて俀国（倭国）王である上宮王の業績を下敷きとして作られた人物像であることが判る。

『西院資財帳』

現代において、法隆寺が日本の誇りの一つであるように、倭国の人々にとって、観世音寺は誇り高い寺院であったと思われる。後述するように倭国を滅ぼして大和政権をつくった人々も、倭国の一部を構成していた人々であり、彼らが観世音寺の素晴らしさを知っていたこと、価値を見出していたことは疑えない。その評価のゆえに、大和政権の中心地への観世音寺の移築が行なわれ、金堂内部の仏像の移設が行なわれ、上宮法皇の業績の置き替えとなった。

このような観点に立つと、『西院資財帳』も『観世音寺伽藍縁起并資財帳』とでも名付けられた倭国時代の観世音寺の元本が存在し、それを下敷きにして書かれていると考えられるのである。『西院資財帳』を詳しく検討してみよう。

① 奉為池辺大宮御宇天皇并在坐御世御世天皇、歳次丁卯、小治田大宮御宇天皇并東宮上宮聖徳法王、法隆学問寺并四天王寺、中宮尼寺、橘尼寺、蜂岳寺、池後尼寺、葛城尼寺敬造(乎)仕奉

㋑は用明天皇、㋩は推古天皇と聖徳太子である。㋩はすでに検討したごとく、もとの記述は上

宮法皇であり、㋑は新たに挿入されたと考えられる。㋥は聖徳太子の業績として多くの寺院名を挙げていると思われるが、伽藍縁起であることを考えると、もとは観世音寺一寺であったと思われる。㋺は『隋書』に明らかなように大王（おおきみ）であったと思われる。

以上によって、①のもとの記述は次に示す文であったと思われる。

歴代の大王を思い、歳次丁卯（六〇七）に上宮法皇が観世音寺を敬造された。

〔奉為在坐御世御世大王、歳次丁卯、上宮法皇、観世音寺乎敬造仕奉〕

ところで東大寺大仏殿の建設過程（表3）の「大仏殿建立」の資料となったのは『東大寺要録』に記されている「建造し畢（おわ）んぬ」である。部材が組み立てられ家の形が出来上った状態を言っている。「観世音寺乎敬造仕奉」の表現も同様に、建物が建ち、屋根瓦を葺き、外壁の下地をつくった状態、すなわち仕上げ前の建物の形の出来上がった状態を指す表現と考えられる。現在で言う上棟の状態である。観世音寺は上宮法皇によって造られ、その上棟が六〇七年であったことが記されている。

② 亦小治田天皇㋭大化三年㋬歳次戊申㋣九月廿一日己亥、許世徳陁高臣㋠宣命為而、食封三百烟入賜岐

㋭は推古天皇、㋬は六四七年である。㋣は五八八年か六四八年である。この文に続いて、上宮法皇の五九八年の大施入の記事があることから㋣は五八八年と思われる。㋭の推古天皇と㋬の六四七年は新たに挿入された部分である。㋠は施入者の名前であるが、改ざんの手が加わっているかどうかは判断出来ない。②のもとの記述は以下のようであったと思われる。

又、歳次戊申（五八八）九月廿一日己亥に許世徳陁高臣が大王の命によって、食封三百烟を施入された。

〔亦歳次戊申九月廿一日己亥、許世徳陁高臣宣命為而、食封三百烟入賜岐〕

五八八年に食封三百烟を施しており、これまでの仏教史の知識では判断できない内容である。

③　又戊午年四月十五日、請㋷上宮聖徳法王、令講法華勝鬘等経岐（中略）大臣平（中略）播磨国佐西地五十万代布施奉（中略）是以㋦聖徳法王受賜而、此物波私可用物爾波非有止為而、㋸伊河留我本寺、中宮尼寺、片岡僧寺、此三寺分為而入賜岐（以下略）

㋷、㋦は聖徳太子であり、上宮法皇の業績が置き替えられている。㋸は法隆寺以外の寺も挙げられているが、もとの記述は観世音寺一寺であった。③のもとの記述は次のようであったと思われる。

又、戊午年（五九八）四月十五日に上宮法皇にお願いして、法華勝鬘等の経を講じてもらった。（お礼に）大臣が播磨国佐西地五十万代の布施を申し出た。これを受けられた上宮法皇は観世音寺に施入された。

〔又戊午年四月十五日、請上宮法皇、令講法華勝鬘等経岐（中略）大臣乎（中略）播磨国佐西地五十万代布施奉（中略）是以上宮法皇受賜而、此物波私可用物爾波非有止為而、観世音寺分為而入賜岐（以下略）〕

聖徳太子が法華経、勝鬘経を講じた話が『日本書紀』の六〇六年に記されている。ここに記された上宮法皇の業績が下敷きになっていることは明らかである。

④ 金涅㋻銅㋔薬師像壹具

右奉為池辺大宮御宇天皇、㋕小治田大宮御宇天皇、并東宮上宮聖徳法王、丁卯年敬造請坐者

Ⓞはもと釈迦尊像と記されていたと思われる（後述）。Ⓦは用明天皇で挿入されたもの、Ⓚは推古天皇と聖徳太子で、もとは上宮法皇であった。もとの記述は次のようであったと思われる。

金涅銅釈迦尊像壹具
右は上宮法皇が丁卯年（六〇七）につくり安置されたもの
〔金涅銅釈迦尊像壹具、
右上宮法皇、丁卯年敬造請坐者〕

法隆寺の薬師像のことであるが、もとは観世音寺上棟時に安置されている。

⑤ 金涅洞釈迦像壹具
右奉為上宮聖徳法王、癸未年三月、王后敬造而請坐者

Ⓨは金涅銅を写し誤ったものと思われる。Ⓣは聖徳太子で、もとの記述は上宮法皇である。もとの記述は次のようであったと思われる。

表 4　上宮法皇関係年表

東大寺大仏殿建設の時間尺	年	法興		事項
	588			②許世徳陁高臣が食封300烟を施入
	591	法興 1		上宮法皇の治世始る〈光〉、塔心柱伐採この年以降
	598	法興 8		③播磨国佐西地50万代施入
発願	599	法興 9	⧄(1)	
(743)	600	法興10		隋に使を遣る〈隋〉
	601	法興11	⧄(2)	
	603	法興13	⧄(3)	
建造(上棟)	607—	法興17	—	「日出処天子…」の国書〈隋〉、①造観世音寺、④造（薬師像）
(751)				
	608	法興18		文林郎斐清が来る〈隋〉
完成				
(760)				
	617	法興27		ハレー彗星出現、金堂天井の彩色作業
	618	法興28		この頃観世音寺完成する
	621	法興31		鬼前大后死す〈光〉
	622	法興32	⧄(4)	干食王后、上宮法皇死す〈光〉
	623			⑤造（釈迦像）、三尊像敬造〈光〉
	628		⧄(6)	

注　〈光〉法隆寺金堂釈迦三尊像光背銘による
〈隋〉『隋書』俀国伝による

金浧銅釈迦像壹具

右は上宮法皇の為に、癸未年（六三三）三月に王后がつくり安置したもの。

〔金浧銅釈迦像壹具

右奉仕為上宮法皇、癸未年三月、王后敬造而請坐者〕

この記述は法隆寺金堂釈迦三尊像光背銘と内容が一致している。とくに「王后敬造而請坐者」は上宮法皇の生前の業績である④の「敬造請坐者」と異なった表現となっており、王后が釈迦尊像完成前に亡くなったと記す光背銘の内容に合致している。

以上の①〜⑤で検討した元本の記載を、これまでに判明した事実と『隋書』の中で年代が明記された事柄を用いて作った年表（表4）に示してみた。表の左側には同じ時間尺で東大寺大仏殿の建設過程を上棟時を合せて示した。

この年表が何を表しているのかを列記してみよう。

(1) ⑤が金石文である釈迦三尊像光背銘と一致していることから、①〜④も相当に信用できる事実の記載と判断できる。

(2) ③の播磨国佐西地五十万代施入によって観世音寺敬造が発願されたと思われる。約百五十年後に大和政権の威信を掛けて建造された東大寺大仏殿の建設経過とほぼ一致している。上棟から完成までの仕上げに要した年数を比べても、①、③、④の記述が事実であることを認められよう。

(3) 大仏殿建立の催しが盛大であったように観世音寺敬造（①、④）の催しも盛大であったと思われる。その一端に遣使があり、『日出処天子』の国書が隋にもたらされたものと思われる。このような国書作成の要因として観世音寺敬造が大きく働いたと思われる。

(4) 観世音寺のような完成された寺院建築が何の背景もなく突如造り始められることは不可能である。当時すでに盛んに寺院建築が行われ、高度の技術が存在していたと考えられる。俀国の中心寺院となる観世音寺の前身寺院もすでにあり、②の食封三百烟施入が五八八年に行われたのであろう。五八八年にすでに多くの寺院が存在したことは後述される。

幡（はた）

法隆寺献物宝物の中に幡がある。次に幡に記された銘文をあげる。

(1) 「己未年（斉明五年（六五九））十一月廿日　過去尼道果／是以児止与古誓願作幡奉」

(2) 「辛酉年（斉明七年（六六一））三月朔六日山部殿奴在形見為願幡／進三宝内」

(3) 天智二年(六六三)「癸亥年山部五十戸婦為命過願造幡巳」

(4) 天武十年(六八二)「壬午年二月飽波書刀自入奉者田也」

(5) 「阿久奈弥評君女子為父母作幡」

(6) 持統二年(六八八)「戊子年七月十五日記丁亥□□□名過作幡也」

これらの幡は『西院資財帳』に「灌頂幡十四具」と記された幡の一部と思われる。これまでの研究では銘文の歳次は銘文の脇に記された年と読まれ、これらの幡が法隆寺に奉納されたと言われてきた。しかし、法隆寺の移築完成が七一〇年であり、(4)の六八二年や(6)の六八八年には法隆寺の姿が現れていない。又、『西院資財帳』に記載されていることから元本である『観世音寺伽藍縁起并資財帳』の記載と考えられ、歳次はひと回り前の干支としなくてはならない。六十年繰り上げて、(1)は五九九年、(2)は六〇一年、(3)は六〇三年、(4)は六二二年、(6)は六二八年となる。これらを表4の年表に⧄で示した。

(1)、(2)、(3)の幡は、観世音寺敬造発願から上棟までの奉納で、上宮法皇の播磨国五十万代の施入を手本にした奉納と思われる。

(4)は釈迦尊像并挟侍をつくる時、釈迦三尊像光背銘にある「時に王后、王子等、及び諸臣と与に、深く愁毒を懐き、共に相発願す」とある発願に伴った奉納と思われる。

(6)は次に述べる須弥山改修にかかわる奉納と思われる。

このように表4の年表の事実と関連した奉納物として幡が存在していた。

以上によって、観世音寺が上宮法皇によって六〇七年に敬造され、六一八年頃に完成したことを認められよう。

ここで特筆すべきことは、『西院資財帳』が資料として、価値が低いという説は誤っていたことである。『西院資財帳』の歳次には手が加えられていない。上宮法皇の業績が推古天皇と聖徳太子の業績に置き替えられていること、釈迦尊像を薬師像と名称が変えられていること、背景が大和地方に変えられていることが主な造作である。

歴史は簡単につくることは出来ない。大和政権をつくった人々は、歴史を文化としてとらえ組み立て直したことがわかる。

第4章　その後の観世音寺

上宮法皇の死

六二二年の上宮法皇の死については、法隆寺釈迦三尊像光背銘に記述されている。銘文から上宮法皇を失った俀国の人々の悲しみが感じられる。淡々と事実を述べ、生前の偉大さと霊界での法皇に対する祈願が記されている。直接的な資料はこの光背銘のみであるが、『日本書紀』には聖徳太子の死についての以下の記述がある。上宮法皇の死の記述が置き替えられているものと考えられる。

このとき諸王・諸臣及び天下の百姓ことごとく、老いたものは愛児を失ったようであり、塩や酢の味さえ分からぬ程であった。若き者は慈父母を亡くしたようであり、泣き叫ぶ声がちまたに溢れた。農夫は耕すことをやめ、稲をつく女は杵音もさせなかった。皆がいった。「日も月も輝きを失い、天地が崩れたようなものだ。これから誰を頼みにしたらよいのだろう」と

（宇治谷孟訳『日本書紀』）

観世音寺が完成してからわずか四年ほどで上宮法皇が亡くなられる。「斯の微福に乗ずる、信道の知識」と「六道に普遍する、法界の含識」を持ち、観世音寺を造り、天子と自ら称された上宮法皇の死が倭国の人々に与えた悲しみの大きさを如実に伝えている。

須弥山

法隆寺五重塔の内部につくられている須弥山は、釈迦尊の死を悲しむ弟子達が表現されていると言われている。解体修理工事でこの須弥山が解体されてわかった事実がある。『法隆寺建築の研究』七八頁に次の記述がある。（図22参照）

次に四天柱㋑を取り巻いていた須彌山㋺の一部を除去してみると、四天柱は全く外部に現われていなかったのに、すべて丹土が塗られており、北面の柱では旧仏壇上に出る部分に幕のようなものが彩画されていた。

図22に見るように心柱の周りに柱㋑が立っている。この四天柱は現在須弥山の山の中に埋れて

図—22　五重塔初重断面図

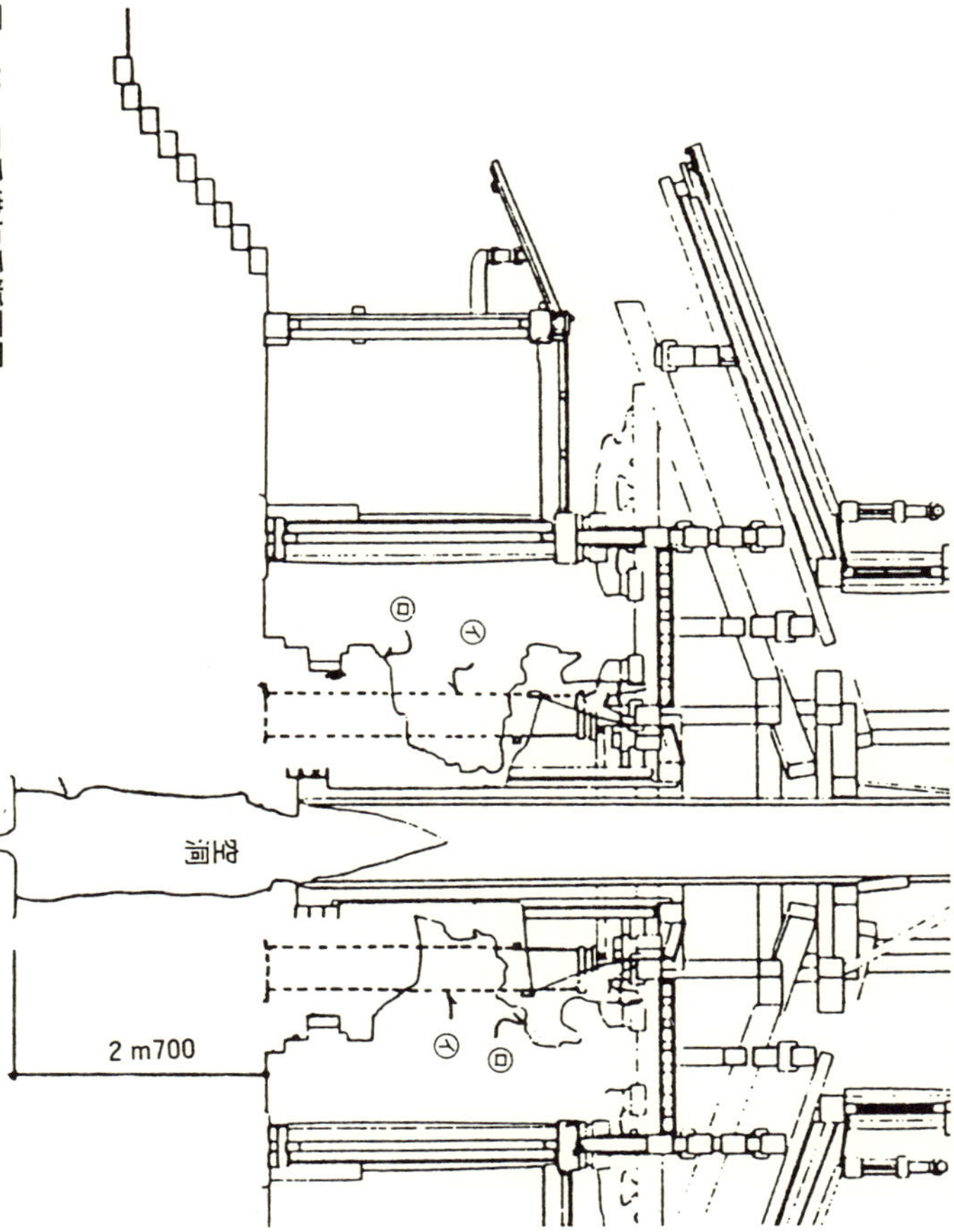

いて見えない。須弥山を解体したら、その四天柱が、彩色、彩画されていたと記されている。五重塔の修理報告書には次の記述がある。

現在の（須彌山の）天井やそれに接続した須彌山自身も第二次的のもので、当初のものでないことが断定されたのである。（塔131）

修理報告書はさらに復原図（図23）を示している。現在の須弥山の前に、復原図の須弥山がつくられており、四天柱は彩色、彩画されていた。そして、のちに現在の須弥山がつくられたことを述べている。

『法隆寺建築の研究』は続いて記している。

その改造の時期の問題であるが、現在の須彌山の材料や技法、中塗に籾殻を入れていることなどまでも塑像とよく似ているのみでなく、その木舞の材料や縄の絡み方まで、今度壁画が発見された初層内部の壁と全く同一であるし、須彌山の山から造り出した菩薩や天人像、獅子座などの優れて、Ⓐ古い形式を備えていること（獅子座には古い形式の格狭間も造り出されている）、山の形も下記のように相当に古いとみられる補足部分と比べて、はるかに優秀であるこ

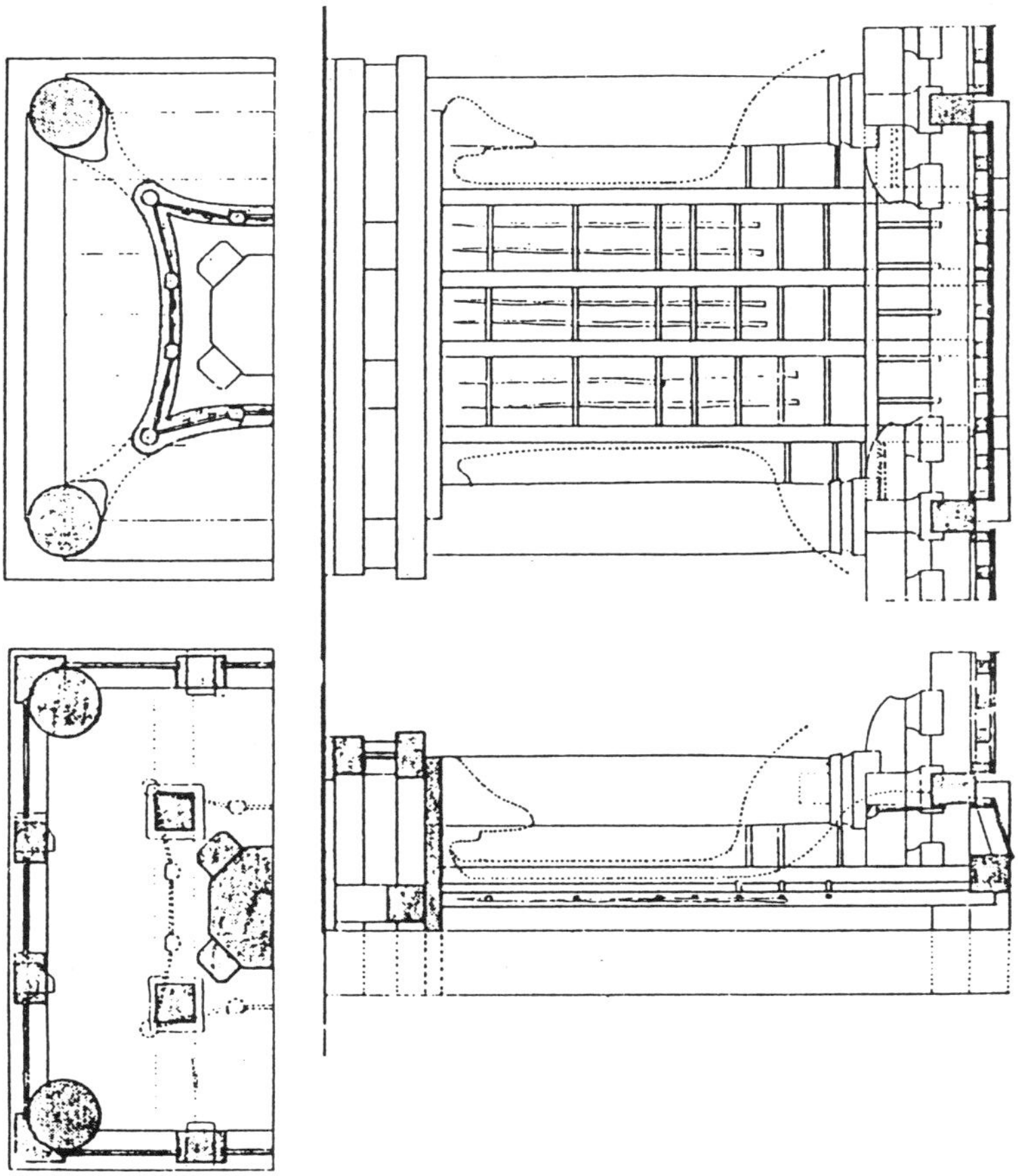

図―23 須弥山の下から現れたもう一つの須弥山復原図

となどからすると、これをずっと古くしたくなるのである。（著者注、Ⓐは法隆寺の後世において補修された箇所について述べている。）

復原図に示された須弥山から現在の須弥山への改造が、いつ行われたかを定めかねた記述である。現在の須弥山が当初からあったものとしたい。が、その下には別の須弥山の痕跡があるための戸惑いである。

私は上宮法皇の死を契機に須弥山が改修されたと思う。順を追って説明しよう。

まず、観世音寺は六一八年頃完成した。その時、五重塔の内部には須弥山が完成していたと考えて問題はないであろう。この観世音寺完成時の須弥山が復原された須弥山である。そして観世音寺完成後わずか四年ほどで上宮法皇が亡くなられる。その時、観世音寺造営に携わった人々はまだ全員が大宰府都城に生活していたと思われる。上宮法皇が病床に伏された時につくり始められた釈迦尊像并挾侍は、亡くなられた翌年（六二三）に完成し安置されている。記録には残っていないが、さらに須弥山を上宮法皇の思い出の作品につくり替える作業が行われたと考えられる。そして現在の須弥山が完成した。このような経過を考えると、解体修理工事で明らかとなった事実はすべて矛盾がなく説明出来る。二つの須弥山が同時期に同一工房によってつくられており、浅野氏が疑問をもたれた技術や意匠が観世音寺と一体のものであって不思議ではない。

須弥山が釈迦尊と仏弟子たちを表現しているのではないことは、塑像の容貌が多岐に亘ることからもうかがえよう。上宮法皇の死を悲しむ人々の姿が写し取られていることは明らかである。

このように解体修理工事によって知り得た須弥山についての事実は、上宮法皇の死（六二二年）の少し前に観世音寺が完成していたことを我々に知らせている。前章で仮定した六一七年のハレー彗星を見て「六月肺出」の落書きが書かれ、新羅では「融天師彗星歌」の逸話が成立したこと、それらの内容から観世音寺の完成が六一八年頃であるとした論理が正しかったことがわかろう。

『冊府元亀』

『隋書』俀国伝に次の記述がある。

俀国は百済、新羅の東南に在り。（中略）桓・霊の間、その国大いに乱れ、逓いに相攻伐し、歴年主なし。女子あり、卑弥呼と名づく、能く鬼道を以て衆を惑わす。ここにおいて、国人共に立てて王となす。

俀国があの有名な女王卑弥呼のいた、『魏志』に記された倭国の六〇〇年代の国名であることが述べられている。上宮法皇の時代の正式国名である。しかし、中国の役人にとっては国名が変わっても倭国と認識していたようである。六〇〇年以降の倭国の記録が中国の史書『冊府元亀』に少なからず存在している。倭国関係の記録を年代順に列記してみた。

① 六〇〇年　倭国、（中略）隋開皇二十年、其王姓阿毎・字多利思北孤、號阿輩雞彌、遣使朝貢。
② 六〇八年　（大業）四年三月、百済・倭・赤土・伽藍舎国、並遣使貢方物。
③ 六一〇年　（大業）六年三月、倭国、六月、室韋・赤土並遣使貢方物。
④ 六三一年　（貞観五年）十一月、室韋・倭・黒水靺鞨、並遣使朝貢。
⑤ 六三七年　唐、高表仁、大宗時為新州刺史。貞観十一年十一月、倭国使至。太宗矜其路遠、遣表仁、持節撫之。
⑥ 六五四年　永徽五年十二月、倭国遣使献琥珀・馬脳。琥珀大如斗、馬脳大如五升器。
⑦ 六五九年　顯慶四年十月、蝦夷国随倭国使入朝。
⑧ 六六五年　高宗麟徳二年八月、開府儀同三司新羅王金法敏。能津都尉扶餘隆、盟于百済之能津城（中略）於是、仁軌領新羅・百済耽羅・倭人四国使、浮海西還、以赴太山之下。

⑨　六六六年　麟徳二年十月丁卯、帝發東都赴東獄（中略）突厥・于闐・波斯・天竺国・罽賓・烏萇・崑崙・倭国及新羅・百済・高麗等諸蕃酋長、各率其獨扈従。

⑩　六六九年　（総章）二年八月、林邑王鉢迦舎、跋摩・羅婆王旃達鉢等、十一月倭国竝遣使獻方物。

⑪　六七〇年　咸亨元年三月、罽賓国獻方物。倭国王遣使賀平高麗。

⑫　七〇二年　長安二年十月、日本国遣其大臣朝臣眞人貢方物。（『遣唐使研究と史料』による。）

①、②の間にあった『隋書』に記される六〇七年の遣使は問題の国書によって煬帝を怒らせたことと関係があるのか記録にはない。

六六三年に起こった白村江の戦以降も倭国使は百済能津城における新羅文武王と能津都督扶餘隆との盟誓に参列したり、六六六年の唐高宗の泰山における封禅の儀にも参列している。倭国からの遣使は六六九年、六七〇年と続き、その後記録が絶える。七〇二年からは、日本国の記録が始まる。

白村江の戦に関する現状の理解は変更せざるを得ないであろう。

①、②は『隋書』の記述内容と全く一致しており、『冊府元亀』の記録が真実を語っている可能性が大きい。『日本書紀』の記述が信用を置けなくなった現在、六〇〇年代を知るための『冊

府元亀』の史料としての価値は、ますます大きくなるであろう。『冊府元亀』から、上宮法皇の死後も少なくとも六七〇年までは倭国が存在したと考えて問題なかろう。

ところで大和政権によって造作された『日本書紀』の六七二年の条には、壬申の乱が詳述されている。天智天皇の子、大友皇子と叔父である天武天皇の大和政権内での権力闘争として物語られている。『日本書紀』には壬申の乱前後に大きい争いの記述はない。しかし上宮法皇が造った観世音寺は移築されて法隆寺となったという事実は、倭国が滅亡した事実があったことを示しており、壬申の乱が実は大和政権の倭国に対する侵略戦争であったことを明らかにする。上宮法皇の業績を（推古天皇と）聖徳太子の業績に置き替えたように倭国に対する侵略戦争を大和政権内の権力闘争として置き替えていることがわかる。

『冊府元亀』によって明らかになったことは、倭国が六七二年に大和政権の侵略によって滅びたことと、そのことから六七二年以降に観世音寺が移築されたことである。

法隆寺五重塔心礎

壬申の乱後、大和政権は観世音寺を移築するために技術者を送り調査させたと思われる。調査後、解体と運搬のための技術者を残し、主要な技術者は大和の地に戻ったのであろう。移築地が斑鳩の地に決定したのを受けて、これらの技術者は法隆寺の伽藍配置を計画したと思われる。観世音寺のイメージを消し去るために塔の位置を左右入れ替え、金堂の向きを九十度回転させた。伽藍の配置計画をもとに敷地の造成が行われ、調査した観世音寺の各建物が建つように、基壇をつくり、礎石を据えた。これらの礎石は解体修理工事の調査結果から考えて、西院伽藍に隣接する若草伽藍の礎石が使われたと思われる。

法隆寺の基壇（仕上げを除く）と礎石が観世音寺の建物を解体する以前の外観調査によってつくられていることは以下に述べる事実によって明らかになる。

『瓦と古代寺院』の中で森郁夫氏は次のように述べられている。

飛鳥時代の塔心礎は、地下深くに置かれている。これは「飛鳥寺」の項でも述べたように掘込み地業による基礎を築く途中で、心礎を滑りこませる穴を掘って心礎を地下に据えたのである。飛鳥時代の寺々、四天王寺や定林寺は飛鳥寺と同じような据えかた、いわゆる地下式心礎である。時代が下がり川原寺の頃になると、基壇上面より深い位置に据えるのであるが、前代ほどではなく、地表とほぼ同じ高さである。奈良時代になると心礎の上面は基壇上面と同じ高さになる。心礎を据える高さには、大筋としてこのような変化がある。

飛鳥寺の塔の心礎は基壇面より二・七メートルの地中にある。

若草伽藍の塔の心礎は現在の地盤が一・五メートル程削られていることと、基壇の高さが敷地から一・五メートルはあったと思われ、基壇上面から約三メートル弱の地中にあったものと考えられる。ところで、法隆寺五重塔の心礎の位置はどうなっているのであろうか。図22に見るように基壇面下二・七メートルに据えられている。

観世音寺移築の調査時には、五重塔の心柱の根本は現在見るように須弥山に覆われて見ることが出来なかった。倭国の技術を知らなかったと思われる彼らは、自分達の技術で判断する以外に方法がなかったであろう。さらに法隆寺の敷地をつくった際、若草伽藍の敷地を一・五メートル程削り取っており、若草伽藍の塔の心礎の技法を手近に知り得たと思われる。大和地方の技法を踏襲したのも当然の成りゆきであろう。それでは観世音寺の塔の心礎はどうなっていたのであろうか。鏡山猛氏が調査を行われ、「大宰府と観世音寺礎石について」に報告されている。

まず基準面として、心礎の上面を零として、四天柱、側柱の遺存するものの上面は次の通りである。(図24の表)

すなわち心礎は他の柱下面より七〇センチメートル程度高い位置に据えられている。しかも礎石の下面はほぼ同一平面にするので、最初の基盤作りの際は特に心礎を掘り下げることをしなかった。そして心礎が余りにも巨大な石を用いたために他の礎石表面より七〇センチメート

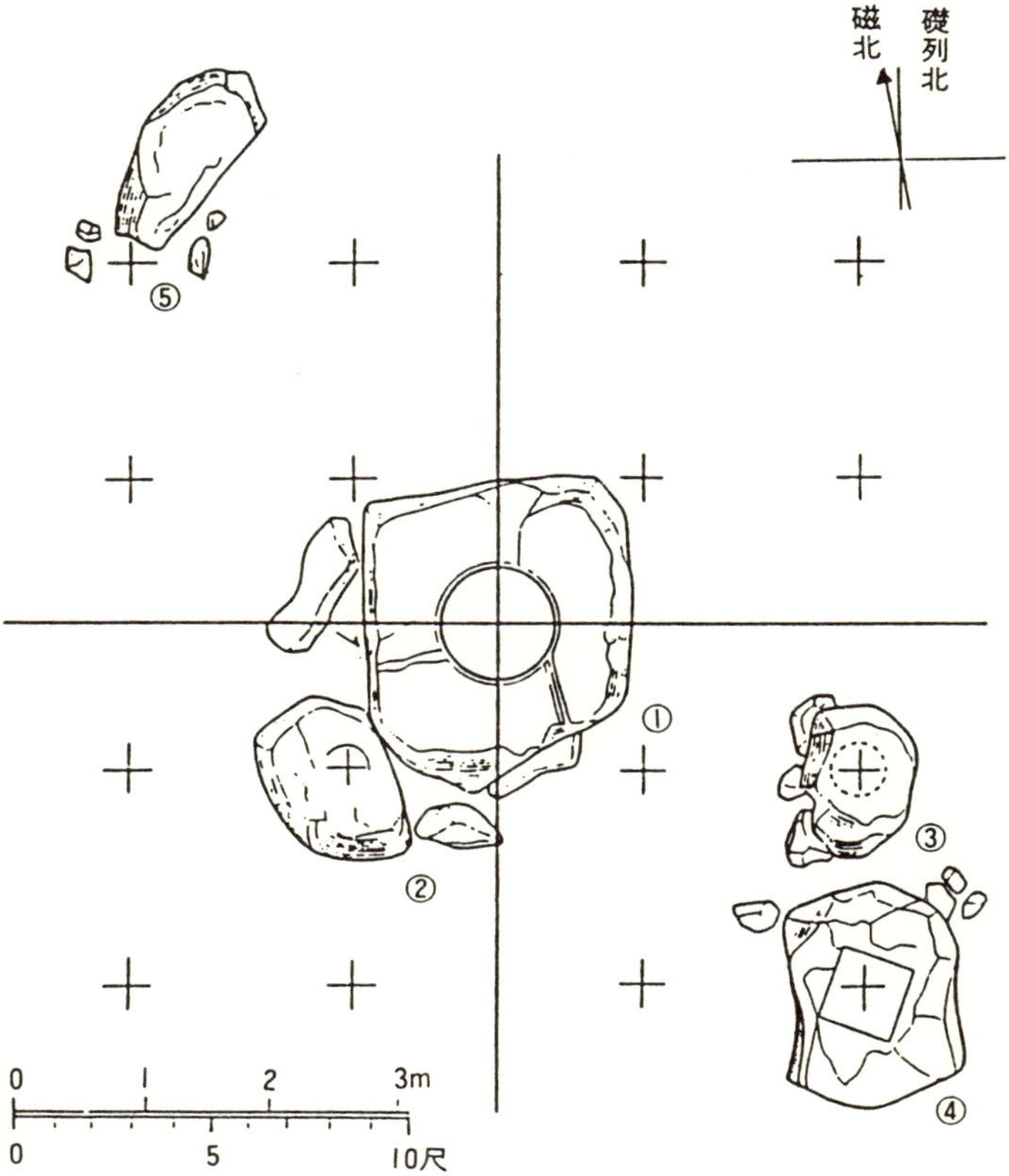

礎石No.	高低差
①	± 0
②	−71　cm
③	−67.4cm
④	−71.1cm

図—24　観世音寺塔阯礎石群実測図

ル程度高くなってしまったようにみえる。もちろん、この基盤や基壇については発掘調査を終えたものではないので、地固めの状態はよくわからない。それにしても残存礎石はすべて根じめ石をもって、水平位に据えられているので、かつての柱礎であることは疑ないであろう。

心礎が基壇面より高い位置にあるつくりであったことが述べられている。図22に見るように、法隆寺では心礎を地中深く据えたが、観世音寺の五重塔から運ばれた心柱は、基壇面より高い位置にある心礎に乗るようになっていたために、空洞が生じたことがわかる。この空洞は解体修理報告書に次のように記されている。参考までに。

心柱は現在基壇上に補入された礎石上から立ち、その下方は所謂空洞となっていた。元来心柱は掘立柱として空洞底部にある心礎から立ち上がっていたものであるが、その後心柱底部が腐朽して現在のように改造されて了ったということにはまず異説がなかろう。(塔61)

図22は観世音寺の移築の経過を物語っているとともに、当時の日本列島の地域による建築技術の差(文化の差)を知らしめている。すなわち俀国の文化が進んでおり、大和地方の文化は遅れていた。さらに鏡山氏は、心柱を囲む四天柱礎石について報告されている。

柱座は明瞭でないが、座の中央部が残されている。平坦面は広くなく、柱座の中心はほぼ推定出来る。柱座は径約四五センチメートル程は推定出来るが、周縁は明瞭でない。

観世音寺の四天柱礎石は柱座が作出されていた。法隆寺ではどうだったのだろうか。

四天柱礎石は他の柱礎が総て円形の作出を作っているにも拘らず、外側を方形に作っていただけであった。（塔131）

礎石はむしろ地盤の傾斜に従って構築された基壇表面の状況に応じて据えられたまま、その後大きな沈下を来していないと見た方がよいのではなかろうかと思われる。ただ四天柱の礎石は空洞（心柱用の）にも接近して居り、又その付近の壇の築土が後世修築された形跡もあるところから見て若干の沈下を来していると考えた方がよく、柱頂に於ける寸法が総て側柱より低い傾向にあったことからもこのことが推定される。（塔56）

観察された事実のみを記せば、四天柱礎石は円形の作出をつくらず、その分だけ他の礎石に対して低い位置にあったことが述べられている。移築調査の際、四天柱の足もとは須弥山に覆われていたため、推測によって礎石工事が行われ、解体修理工事で観察されたように「基壇表面の状況に応じて裾えられた。」その結果、四天柱の柱頂が側柱より低くなってしまったことがわかる。ところで、すでに須弥山について検討したように、創建当初は復原図（図23）のように四天柱の足もとは見えていた。そのため礎石は作出がなされていた（観世音寺の残存礎石）が、その後須弥山が改修されて、移築調査の際は現在の須弥山に隠れていて作出がないものと推測された。大和政権の派遣した技術者の推測は誤っていなかったが、須弥山が改造されたことを解体せずに知ることは出来なかった。

以上、五重塔心礎と四天柱礎の示す事実は、これまで検討してきた観世音寺の歴史を追証している。

興留

『西院資材帳』の終わりの部分の記述は次のようになっている。

合食封参佰戸

右本記云、又大化三年歳次戊申九月廿一日己亥、許世徳陁高臣宣命納賜、己卯年停止

又食封参佰戸

右養老六年歳次壬戌、納賜平城宮御宇天皇者、神亀四年歳次丁卯年停止

「又食封参佰戸」の停止が神亀四年（七二七）であり、先の「合食封三佰戸」の停止の「己卯年」は六七九年である。六七九年停止の食封は五八八年に施入された観世音寺縁起の最も古い出来事として記録されている。この由緒ある食封の停止は壬申の乱後七年目に行われている。壬申の乱の戦後処理は少なからず年月を要したのであろう。

六七九年の食封停止の直前に観世音寺の大和への移築が決定したと思われる。その後、観世音寺の解体が行われ、博多湾の港に運ばれ、舟に乗せて瀬戸内海を渡り、大和に着いた。この過程を考慮すれば、六七九年の食封停止から調査、解体、運搬と少なくとも数年がかかったと考えられ、観世音寺を解体した全ての資材が大和の地に到着したのは六八五年頃と思われる。法隆寺が建て始められるまで約二十年間の空白が存在する。「西院伽藍の年代とその様式」の中で浅野清氏は次のように述べられている。

塔の戸口・窓・壁などを取り除いたところ、本来ならそれらが当っていた柱面に風蝕がほとんど認められないはずであるのに、かなりの程度（少なくとも十数年をかなり越えると判断された）の風蝕が認められたことである。このことはなんらかの事情で、塔の組み立て後、完成

までに長年月を要したことを示す。

十数年をかなり越える風蝕が見つかったことが述べられている。空白の約二十年とぴったり一致する。食封停止の資料は観世音寺のその後の運命を我々に知らせている。

浅野氏は塔の組み立て後、放置されたと考えられているが、五重塔の深い屋根は風蝕を防ぐのに十分であり、部材が放置されていたと考える方が自然であろう。

ところで、図25は法隆寺周辺の地図である。法隆寺の門前を南に下り、鉤(かぎ)の手に曲がって、ほうりゅうじ駅の前を通る道がある。この道は、ほうりゅうじ駅の先で大和川の支流である富雄川に至っている。大和川は大和盆地の殆どの雨水を集めて、生駒山系を横断し、大阪湾に注ぐ主要河川である。舟の交通が盛んであったと思われ、観世音寺を解体した資材が大阪湾からこの川を溯って来たことは疑えない。

この、ほうりゅうじ駅前の道に沿った小字名は興留と書かれている。斑鳩町役場に尋ねたところ「オキドメ」と読むとの返事であった。興留はもともと置留と書かれていたと考えて問題ないであろう。観世音寺を解体した資材がここに二十年近く放置されていた。この場所を斑鳩の人々は置留と呼べば誰でもわかるほどに見慣れていた。地名の起こりの典型例ではないだろうか。

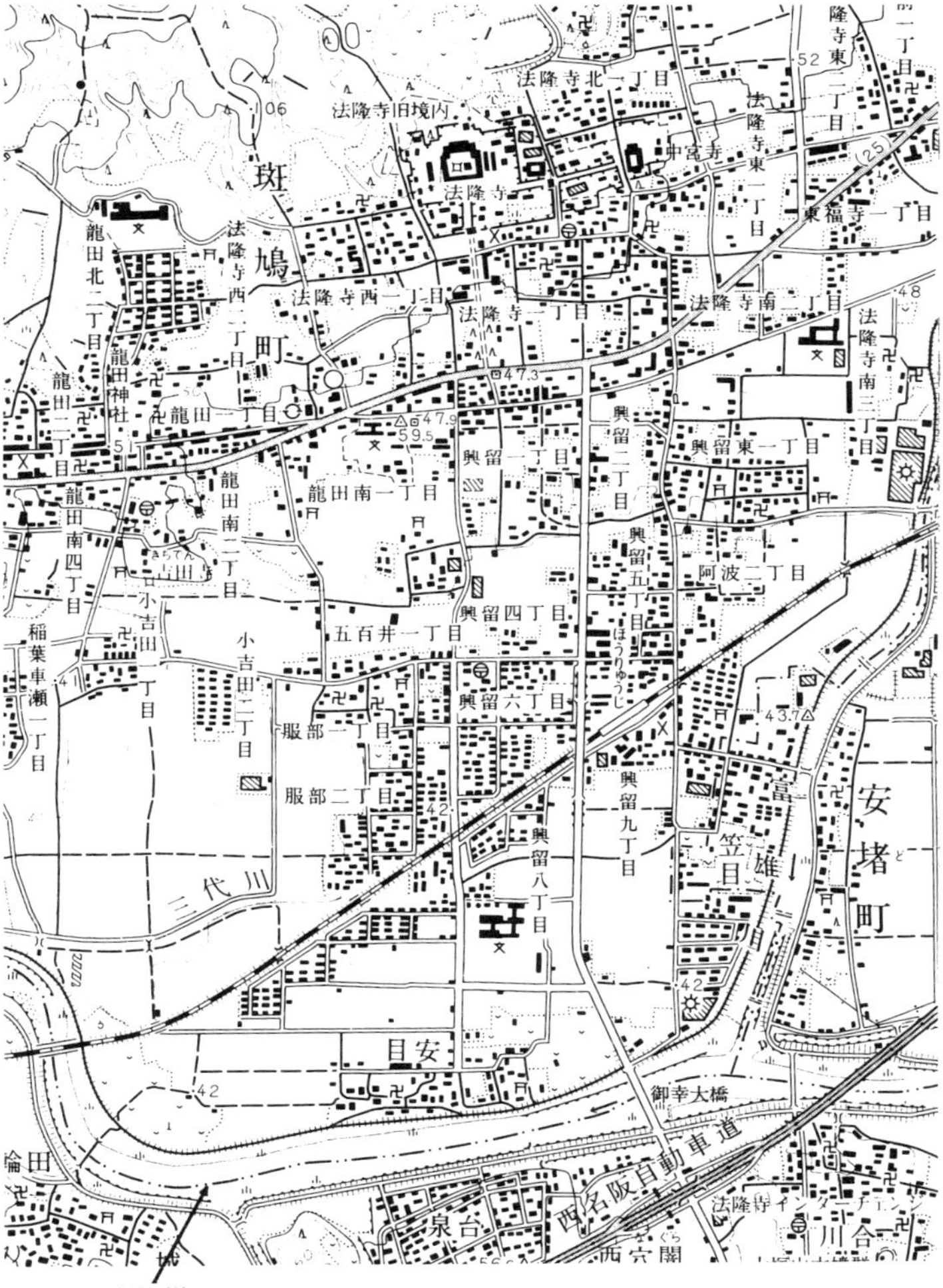

図—25　法隆寺周辺図（25万分の1地形図「信貴山」国土地理院発行より）

法隆寺金堂の壁画

法隆寺西院伽藍の主要な建物が移築されたことを理解されたと思う。基壇に用いられた土と礎石だけが大和の地のもので、他は基壇の表面の仕上石までが大宰府から移築されている。

ところで解体修理工事中に火災に遭った金堂の壁画はどうなのであろうか。報告書に次の記述がある。（傍線・番号は著者による）

頭貫で特に注意されたのは、㋑軸壁に当る部分の下面にエツリ孔を穿ってそれに藤蔓を通し、壁間渡と幾重にも結び付け、鞏固に釣付けていたことである。但し、㋺壁間渡は柱に遣返しの手法によって固定してあったから、それを釣付ける必要は感ぜられない。㋩間柱の類を釣付けるならばわかるが、特に間柱というべき程のものを用いていなかったから、こうした手法の真意は解することが出来なかった。何れにしても、藤蔓が既に全く力を失っていたから、㊁大体軸壁移動のための荷造を完了した後、頭貫を上へ持ち上げて簡単に取り外すことが出来たが、若しそうでなかったら、それを切るために荷造を解かねばならぬことになり、大変な手違いを生ずるところであった。（堂235）

㋑は図26のようになっていたと読める。左右の柱と頭貫と地長押に囲まれた部分の壁、すなわ

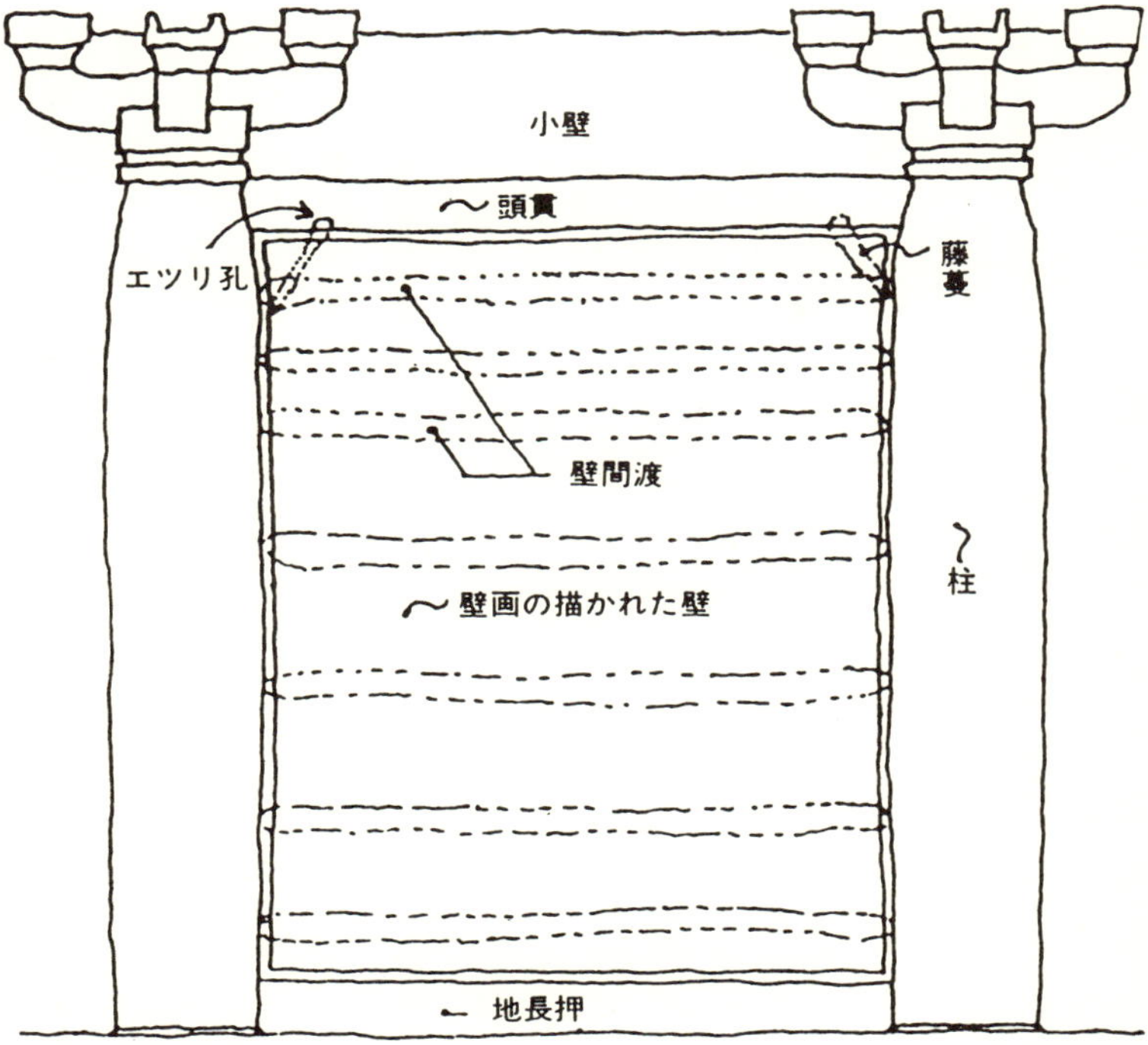

図—26　法隆寺金堂壁組立図

ち壁画全体の壁を下地と一体のまま運ぶために、壁間渡を柱との接合部で切ってはずしたと考えられる。取り付けに当たって頭貫にエツリ孔を穿ち、藤蔓で釣り、透き間の処理をして固定したのであろう。もし㋺が正確な観察であったとすれば、㋥のように簡単に取りはずすことは出来ない。壁間渡は移築の際にすでに切り離されていたと思われる。㋩と記されているが、移築のための技術と考えれば納得のいく方法である。

壁の重量は相当なものであったと思われ、壁そのものの移動は常識では考え難いが、このように移築された証が存在している。

第Ⅲ部　日本の原風景・倭国の姿

第5章　俀国とはどのような国か

邪馬台国の中心地

観世音寺の歴史を踏まえた新しい地点に立って、日本古代史を検討していこう。『隋書』俀国伝の記述を次に挙げる。

俀国は百済・新羅の東南にあり。（中略）その地勢は東が高く、西に下る。邪靡堆が都で、これがいわゆる『魏志』の邪馬臺である。（中略）このとき卑弥呼と名づけられた女子がいて、鬼道によって、大衆を導くことにたけていた。（中略）魏代から南朝の斉・梁まで、代々中国に通交してきた。隋代に入って、開皇二十年（六〇〇）、俀王の姓を阿毎、字を多利思北孤、号を阿輩鶏弥という者が使者を遣わし、朝廷に詣った。（以下略）

ここには、俀国の都＝邪靡堆＝『魏志』の邪馬臺＝女王卑弥呼の都＝讃・珍・済・興・武の倭の五王の都＝多利思北孤の都と述べられている。多利思北孤すなわち上宮法皇の都は観世音寺のある大宰府都城であることはすでに述べた。邪馬台国論争の中で、大宰府都城を卑弥呼の都とする論者がいなかったことは不思議な事実である（最近いき一郎氏が説得力に欠けるが倭国の都を大宰府と言っておられる）。

「東が高く、西に下る。邪靡堆が都」である。という簡潔な表現に、大宰府都城の地勢が的確にとらえられていると言えないだろうか。

昭和四十三年に大宰府政庁跡の発掘が行われ、発掘結果が「政庁中門遺構重複状況模式図」（図27）として発表されている。I期整地層は掘立柱の建物が三期にわたって重複している層である。II期整地層は約六十センチメートルの層で、礎石を持つ建物が建っていた。III期整地層も約六十センチメートルの層で、現在地表に見えている礎石の層である。II期とIII期の間に焼土層があり、純友の乱の際のものと判断されている。

「大宰府発掘」（『古代を考える大宰府』）の中で石松好雄氏は次のように述べられている。

この焼土層は藤原純友の乱の際のものとみて誤りないものと思われる。従来大宰府の建物は焼失した後は再建されなかったとするのが通説であったが、発掘調査はみごとにこの通説をくつがえした。

この文に続いて、II期政庁（II期整地層の礎石を用いた建物）は約二百四十年続き、純友の乱のあと再建されたIII期政庁はその後約二百四十年間続いたと述べられている。

純友の乱は九四一年に起こっている。純友の乱以降、約百年間の観世音寺に関する資料の中から、観世音寺周辺や大宰府都城の郭内の様子がうかがえるものを以下に挙げる。

① 天慶四（九四一）年　藤原純友、大宰府に乱入し、観世音寺を侵し、鏡四面、大刀五柄、小刀十四柄、練金十五両三分、梓弓一張、葛壺胡録、水銀二十一斤十三両等を掠め大唐仏像白壇浄土を破損す（平安遺文一三六六）

② 天延三（九七五）年　大宰大弐藤原国章、郭内兵馬所田七町三段百八十歩を常燈料田として施入

③ 〃　大宰府兵馬所、観世音寺の領知する常燈分料田の郭内秣田七町八十歩を兵馬所に返領すべき府符を請う（平安遺文三〇五）

④ 長徳二（九九六）年　南大門前の無住荒廃の地を一町三段を開発

⑤ 寛弘三（一〇〇六）年　これより先、寺役雑人らが水湿の便を求めて郭地内四町百九十歩を開発

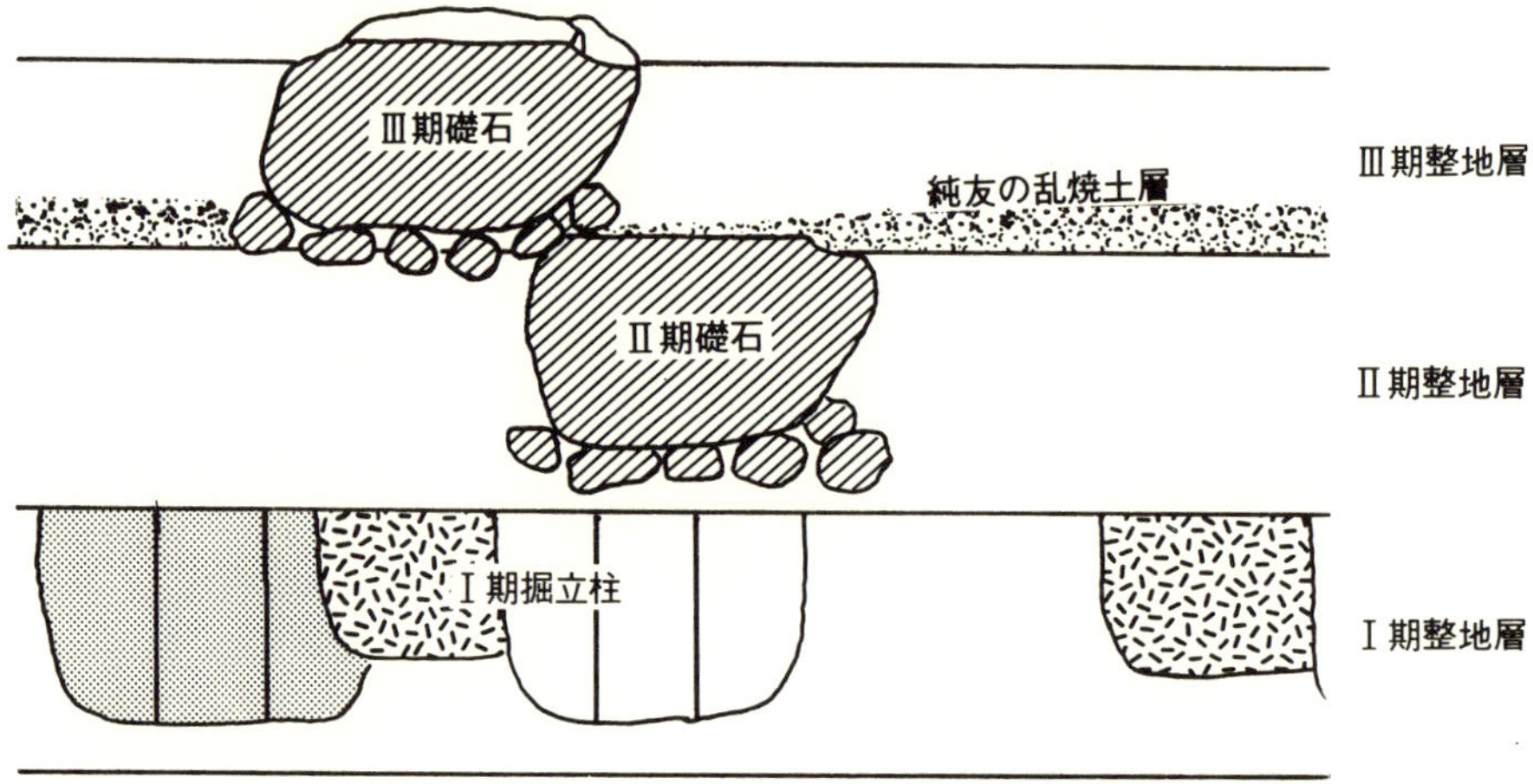

図—27　政庁中門遺構重複状況模式図（石松・桑原『大宰府と多賀城』岩波書店による）

⑥ 治安元（一〇二〇）年　観世音寺大宰府に牒して同府学校院別当の同寺領四至内地二反を妨ぐるを停止せられんことを請う（平安遺文四七六）

⑦ 長元八（一〇三五）年　観世音寺その四至内及散在領田を兵馬所の妨ぐるを停止せんことを大宰府に請う（平安遺文五三四）

⑧ 〃　これより先、寺役雑人ら南大門・国分寺前、市町垣内・赤坂浦・東林寺の後背一町三百歩を開発

（「筑紫観世音寺史考」高倉洋彰と『平安遺文』による）

かつては多くの人々が生活していた郭内が人家もまばらになっている状態が目に見えるようである。長徳二年（九九六）の記録を見ると、観世音寺南大門前に無住荒廃の地が一町三段もあったことが記されている。大宰府都城の中心地と思われる場所の状況である。さらに観世音寺に隣接して兵馬所があったらしく、土地の諍(いさか)いが記録されている。これらの記録から想像すると観世音寺はぽつんと建っている様子で、政庁建物はすでになかったようである。石松氏が言われる純友の乱以降という年代での第Ⅲ期政庁の復活はなかったと考えざるを得ない。焼土層を純友の乱の際のものとすることが誤っていることがわかる。

磐井の乱

『日本書紀』には磐井の乱は筑紫国造磐井の反乱として記されており、継体軍がこの反乱を打ち破った事件となっている。

古田武彦氏は『古代は輝いていたIII』の中で『日本書紀』の継体天皇二十五（五三一）年辛亥の「日本の天皇及び太子・皇子、倶に崩薨す」という『百済本紀』から引用された記述が磐井の死の真実を述べているという仮説を提起されている。すなわち五三一年に継体のクーデターによって、倭国の天皇及び太子・皇子が倶に崩薨したと仮定されている。

ところで、どの論者も言及されないが、大和政権が作った『日本書紀』・『風土記』の磐井という名前が倭の五王、倭讃、……倭武に続く倭歳（又は薈・偎）の音を残した表記であることは疑えない。『隋書』が記す俀国が多利思北孤を天子としていることからわかるように、このときすでに日本列島は統一されていた（後述）。九州を中心とした倭国が大きくなり、大倭国すなわち俀国の国名を冠したと考えられる。倭は「わ」ではなく「い」である。磐井は倭国の大王倭歳である。

磐井の名前からも、古田氏の仮説は正しいと思われる。しかし、同氏は天皇の称号が五三一年の時点で使われていたとこの仮説に関連して述べられている。すでに述べたように上宮法皇の俀国の時代に降っても天皇の称号は用いられていない。磐井の乱は五三一年に継体軍の侵略によって、倭国の大王及び太子・王子が崩薨したという事実が、造作されて『日本書紀』に記されていると考えるべきであろう。磐井の乱は『筑紫国風土記』に次のように記されている。

> 俄にして官軍動發(おこ)りて、襲(う)たむとする間に、勢の勝つまじきを知りて、獨(ひとり)豊前の國の上膳の縣に遁れ、南の山の峻しき嶺の曲に終りき。ここに官軍、追ひ尋ねて蹤(あと)を失ひ、士の怒泄(や)まず、右人の手を撃ち折り、石馬の頭を打ち堕しきといふ。古老傳へていふ、上妻の縣に多く篤き疾あるは蓋しこれによるかと。

磐井は継体軍に突然襲われ、大宰府都城を逃れ、豊前の国、上膳県の山奥で亡くなった。継体軍の破壊は徹底していたようである。石人・石馬までも壊し、上妻県の民は多数殺傷された。当然のこととして、家屋には火が付けられたであろう。この記述にはないが継体軍が大宰府を壊滅させたであろうことは容易に想像できる。

磐井の乱の戦後処理は『日本書紀』に次のように記されている。

> 筑紫の君葛子、父のつみに坐(よ)りて誅せられむことを恐りて、糟屋屯倉を献りて、死罪贖(あがな)はむことを求す。

五九一年からの上宮法皇の俀国の存在を考えれば、この記述は全くの造作であることは明らかである。磐井の乱の乱後に関する古田氏の考察がある。その一部を次に挙げる。

③　筑紫の君（磐井の後継者）側には、北に洛東江沿いの「倭地」の倭軍があり、南に無傷の肥後軍等があった。物部軍（継体軍）は急を知って南下した両軍の夾撃をうけたものと思われる。

④　その上、先にのべたように、筑紫の君側は西日本海域の制海権を持っていたと思われるから、この点からも、物部軍の勝利持続は困難である。（『古代は輝いていたIII』）

乱後に急速に俀国が立ち直ったと述べられている。

大宰府政庁遺跡

大宰府政庁中門跡から発掘された焼土層が殆ど全面に残っていると報告されていることは、継体軍の徹底した破壊ぶりを表しているし、焼土層の残り方は、焼失後あまり時を置かずに盛土し整地したことを示しており、磐井の乱後の状況と一致する。五三一年の乱後、早急に政庁の再建

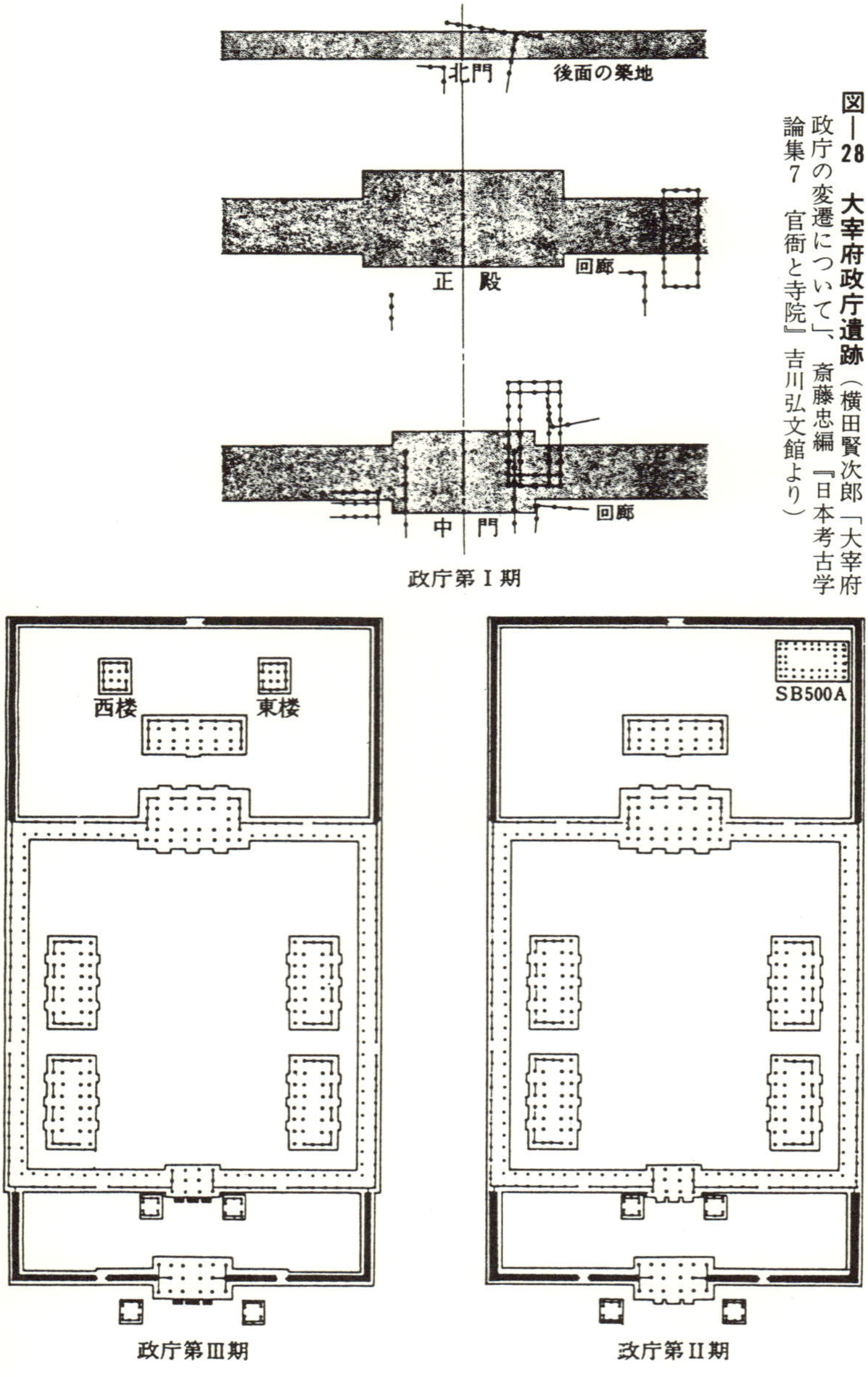

図―28　大宰府政庁遺跡（横田賢次郎「大宰府政庁の変遷について」、斎藤忠編『日本考古学論集7　官衙と寺院』吉川弘文館より）

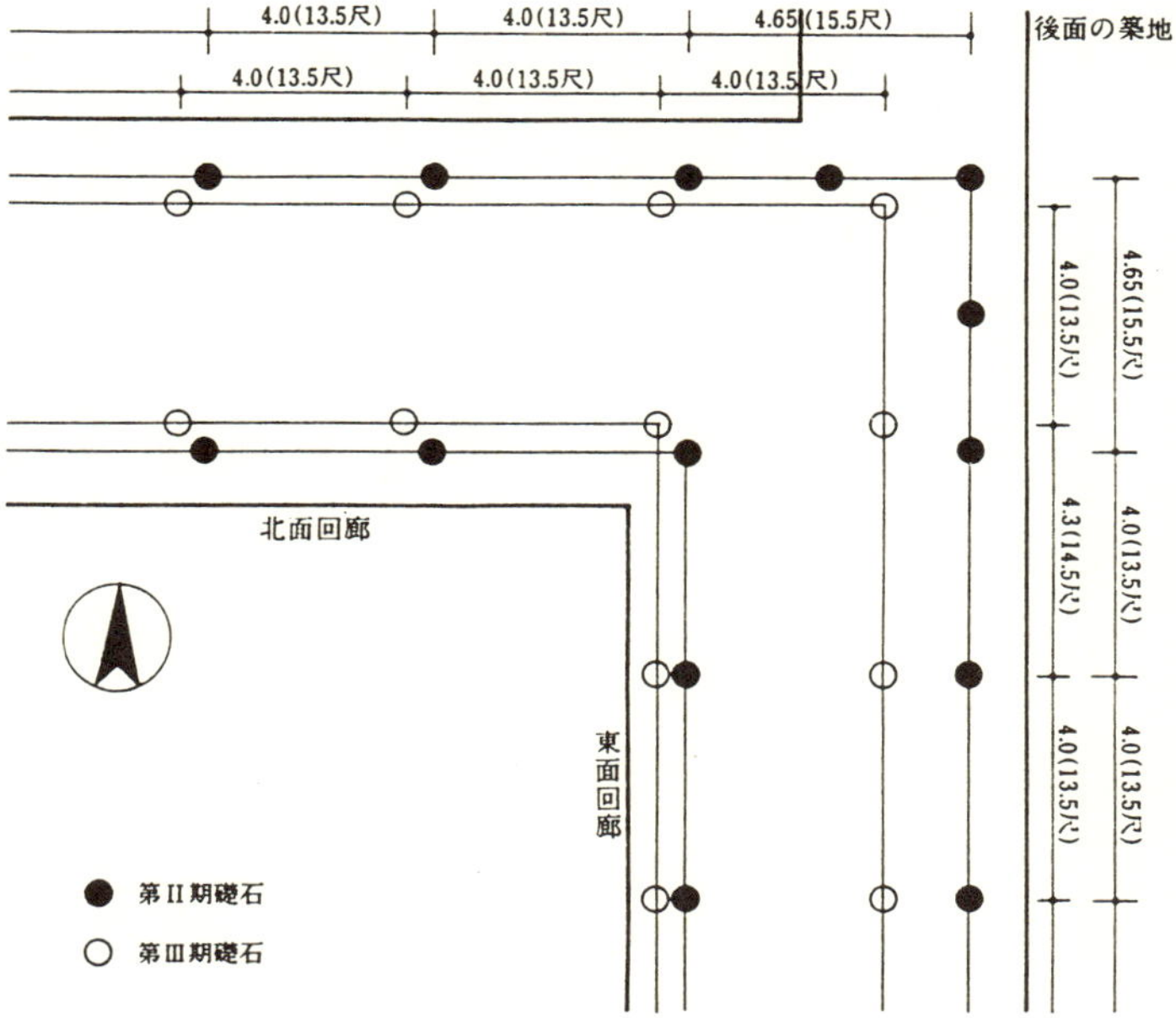

図—29　回廊東北隅部柱位置模式図（図—28に同じ）

が着手されたと考えられる。

この焼土層については、発掘された平面の推移を見ることによってさらにはっきりする。

礎石を用いた建物は第II期政庁と現在地表に残る礎石を用いた第III期政庁である。この政庁中門の礎石位置は第II期、第III期と動いていない。さらに政庁の回廊は桁行寸法が同じで、梁間寸法が第II期より第III期の方が狭くなっている。（横田賢次郎「大宰府政庁の変遷について」『日本考古学論集7』要約）

第II期整地層の上に焼土層があり、その上に六十センチメートルの第III期整地層があることから、第II期政庁建物の配置が見えない状態で第III期政庁建物を配置していることがわかる。その第III期政庁建物を配置するために、例えば都城の中心軸のような基準を用いて配置していると考えられる。発掘された平面の重なり状態から考えてその基準は第II期政庁でもすでに用いられていたと思われる。さらに、回廊の桁行寸法等が同じとあり、同じ物指しを使用して第II期、第III期がつくられていることも明らかである。

また、回廊東北隅部の発掘結果が模式図（図29）として発表されている。

回廊幅が第II期から第III期に変化した様子がうかがえる。隅柱を結ぶ対角線の梁は回廊幅の約一・四倍の長さになる。

第II期では隅柱をはさんで二本の柱が立てられている。隅柱を結ぶ梁のスパンが長いため、この二本の柱を結ぶ梁で支えていたことがわかる。

第III期では規則性を破っていたこの二本の柱を無くすために、隅柱を結ぶ梁の長さを限度の長さに決め、それによって回廊幅を定めている。建物をより美しくするための工夫が行われている。

このように発掘平面を検討すると焼土層をはさむ第II期、第III期の政庁建物が同じ権力主体によってつくられている。

ところで観世音寺はこの大宰府都城の政庁を中心とした全体配置の中につくられており、第II期、第III期政庁の配置に用いられた基準が、当然用いられた。すなわち、第II期、第III期政庁は上宮法皇の俀国を含む倭国の権力主体によってつくられたことになる。

第II期と第III期の間にある焼土層が磐井の乱の際のものと断定できよう。そして現在地表に残る第III期の礎石が磐井の乱後、復興された建物のものであり、その後、上宮法皇による観世音寺の敬造が行われる。

第I期遺構について横田氏の見解が述べられている。

第I期の遺構

遺構の及ぶ範囲が少なくともII期の朝堂院的建物の範囲の広がりを有すると言うことである。第二点として、少なくともII期のような配置とは異なること。第三点として、中門の結果からして少なくとも、この地域においては三回の建て替えが行なわれていること、第四点として、中門・回廊東北部の建物や柵列には同一方向をもったものがあり、II期遺構の方向ときわめて近似していることなどが指摘出来よう。

第I期遺構と第II期政庁に連続性があることが述べられている。第I期、第II期、第III期が倭国の都大宰府政庁の変遷を示していることがわかる。

では磐井の乱によって五三一年に焼失した第II期政庁はいつ造られたのであろうか。

倭の五王のなかで、武は順帝の昇明二年（四七八）に上表して「窃(ひそ)かに自ら開府儀同三司を仮し」（『宋書』）と中国の皇帝順帝の許可なく、窃かに大宰府を開府したとへりくだって申し述べている。卑弥呼の時代にすでに中国の役人が倭国に来ていたことから推察して、倭武の時代にも中国の役人が時には来たであろう。正直に順帝に報告せざるを得なかったことを示している。第II期政庁は遅くとも四七五年頃には完成していたとして、問題はないであろう。

第I期遺構の掘立柱の建物は三回の建て替えが行われている。その中の一つが卑弥呼（二四〇年代）の宮殿である。

『魏志』に次の記述がある。

王となりしより以来、見る者少なく、婢千人を以て自ら侍せしむ。ただ男子一人あり、飲食を給し、辞を伝え居処に出入す。宮室・楼観・城柵、厳かに設け、常に人あり、兵を持して守衛す。

第I期の遺構が第II期政庁遺構の範囲と同じであるとの横田氏の指摘と一致する規模を伝える記述ではあるまいか。

ところで、大宰府政庁の発掘で第II期政庁遺構の下から出土した木簡について、横田氏は同論文で次のように述べられている。

「十月廿日竺志前贄駅□□留　多比二生鮑六備五
十貝魚青四列都十具」

「須志毛十口割軍布一十口」

この木簡は明らかにII期築地基壇の下から検出されたものであり、このことからII期築地はこの木簡の使用の年代以降に築造されたものと云える。

『魏志』に卑弥呼が国書を魏に提出したことが記されており、漢字は早い時期から使用されていたことは明らかである。ここに漢字の一般使用例が見つかっている。第II期政庁は四七五年頃には完成しており、四五〇年頃の使用例ということになろう。

第6章　考古学的成果の再検討

瓦について

このように大宰府政庁の真実の姿が判明すると、これまで行われて来た考古学の研究における年代設定を見直さなくてはならない。

『九州歴史資料館開館十周年記念大宰府古文化論叢』の亀田修一氏の論文「古代塼よりみた大宰府と朝鮮」には次のような記述がある。

大宰府が成立する以前では、大宰府に近い神ノ前窯跡や大浦窯跡・月ノ浦窯跡等で初期の瓦が出土している。主なものとしては神ノ前窯跡で無文軒丸瓦、月ノ浦窯跡で単弁八葉軒丸瓦・単弁九葉軒丸瓦・鴟尾などがある。神ノ前窯跡例に関しては、製作技法の特徴から瓦というものに対する知識をもった須恵器工人が作ったのではないかと考えられた。大浦窯跡例や月ノ浦窯跡例では少なくとも布は使用されており、前者の場合は樋巻作りによっている。つまり専門技術が使われているのである。月ノ浦窯跡例の場合は樋巻作りが使われたかどうかわからないが、鴟尾が作られており、かなりの技術をもった工人が関与していたことは間違いないであろう。（中略）その最初の政庁（第Ⅰ期）は掘立柱建物で作られており、大宰府関係の初期の建物で瓦葺きの確実な建物が知られているのは大野城に関するものだけである。

続いて大野城跡出土軒丸瓦について述べられている。単弁八葉蓮華文で蓮弁は中肉～厚肉で、弁中央に稜線が入る特徴をもっており、類似するものとして、六世紀末から七世紀初頭の百済中井里寺跡出土の百済瓦を挙げ、その影響を述べられている。

亀田氏が述べられていることは、第II期政庁が建てられる以前につくられ、使用された瓦についてである。すなわち四五〇年以前の倭国の状況である。約百五十年後の百済中井里寺の瓦が大野城瓦と類似しているとされていることは倭国の瓦の影響を受けていることになろう。

また、大野城瓦の存在は大野城が四五〇年以前に――おそらく卑弥呼の時代においても――城として機能していたことを意味している。

亀田氏はさらに第II期整地層について述べられている。

建物群に使用された瓦は鴻臚館式軒瓦とよばれている複弁八葉軒丸瓦と均正唐草文軒平瓦を

写真 6　大野城丸瓦（写真提供・九州歴史資料館）

写真 7　老司式軒瓦（同上）

写真 8　鴻臚館式軒瓦（同上）

セットしたものと、老司式軒瓦とよばれている複弁八葉軒丸瓦と扁行唐草軒平瓦をセットしたものである。

これらが四七五年頃建てられ、磐井の乱によって五三一年に焼失した第II期政庁に使用された瓦ということになる。

これまで鴻臚館式軒瓦は平城京内の興福寺の瓦の流れをくむものとされてきたし、老司式軒瓦は藤原宮で使用された瓦の流れをくむものとされてきた。しかし、興福寺が平城京内に移されたのは早くても和銅三年（七一〇）であり、藤原京の造営は持統天皇四年（六九〇）以降のことである。

観世音寺移築の事実から考えて、これら大和の瓦が壬申の乱の戦利品として倭国から運ばれたものの一部であることは疑えないであろう。

観世音寺鐘について

菅原道真（八四五〜九〇三）が「都府楼はわずかに瓦の色をみる　観世音寺はただ鐘の声を聞く」と詠んだ観世音寺の鐘について、森貞次郎氏の「筑前観世音寺鐘考——とくに唐草図文を中心として——」（『九州歴史資料館開館十周年記念大宰府古文化論叢』）と題する論文がある。

忍冬唐草文をもつ観世音寺鐘の製作年代は、その形制からみて妙心寺鐘にきわめて近いとされながらも、宝相華文をもつ妙心寺鐘よりも明らかに年代的に遡る形式である

この両鐘はほとんど同一の規格によって同一工房において製作されたと述べられている。妙心寺鐘の内側には陽鋳された次の銘があり、この鐘が九州の地でつくられたことがわかる。

戊戌年四月十三日壬寅収糟屋評造春米連広国鋳鐘

戊戌年は文武天皇二年（六九八）である。観世音寺鐘は観世音寺の完成した六一八年頃にはすでに製作されていたことは明らかで、妙心寺鐘は観世音寺鐘の約八十年後に製作されたことになる。この時、観世音寺は解体されてすでに大和斑鳩の興留に積み置かれていた。九州の他の重要な建物も同様に解体されたと考えられる。しかし工房では引き続き新たな寺の鐘が鋳られていたことになる。

製作年代の相対関係についての森氏の指摘は正しい。

森氏は両鐘の唐草文と北部九州の天台寺廃寺、大分廃寺、垂水廃寺から出土した新羅系瓦とを

比較されている。

総括的にみれば妙心寺鐘の唐草文はこれら三廃寺の新羅系瓦の年代と殆ど変りないとは云え、相対的にはそれらより若干年代の降るものと云えよう。

すなわち、新羅系瓦の製作を妙心寺鐘の製作（六九八年）以前とされている。さらに、

垂水廃寺瓦の図文によりみるとき、観世音寺鐘のほうが垂水廃寺の創建に先行するとは云え、観世音寺の鋳鐘にあたって、鋳造の技術はもちろん、新羅系の図文を駆使する技術をもっていてこれに参加した技術者集団がこの塔里・加自久也里辺にいたとみられよう。

新羅系瓦と観世音寺鐘の製作が同じ技術者集団によって行われたと述べられている。このことは別の事実にも現れている。法隆寺五重塔の須弥山の中央に置かれた柩の文様は黒ずんでいるが、新羅系瓦の唐草文の発展形が用いられている。新羅系瓦を製作した技術者集団が観世音寺の鐘、須弥山、そして当然のこととして瓦の製作に関わっていたことになる。

また、森氏は新羅系瓦を用いた寺院が観世音寺と時期的に重なると見ておられる。しかし、観

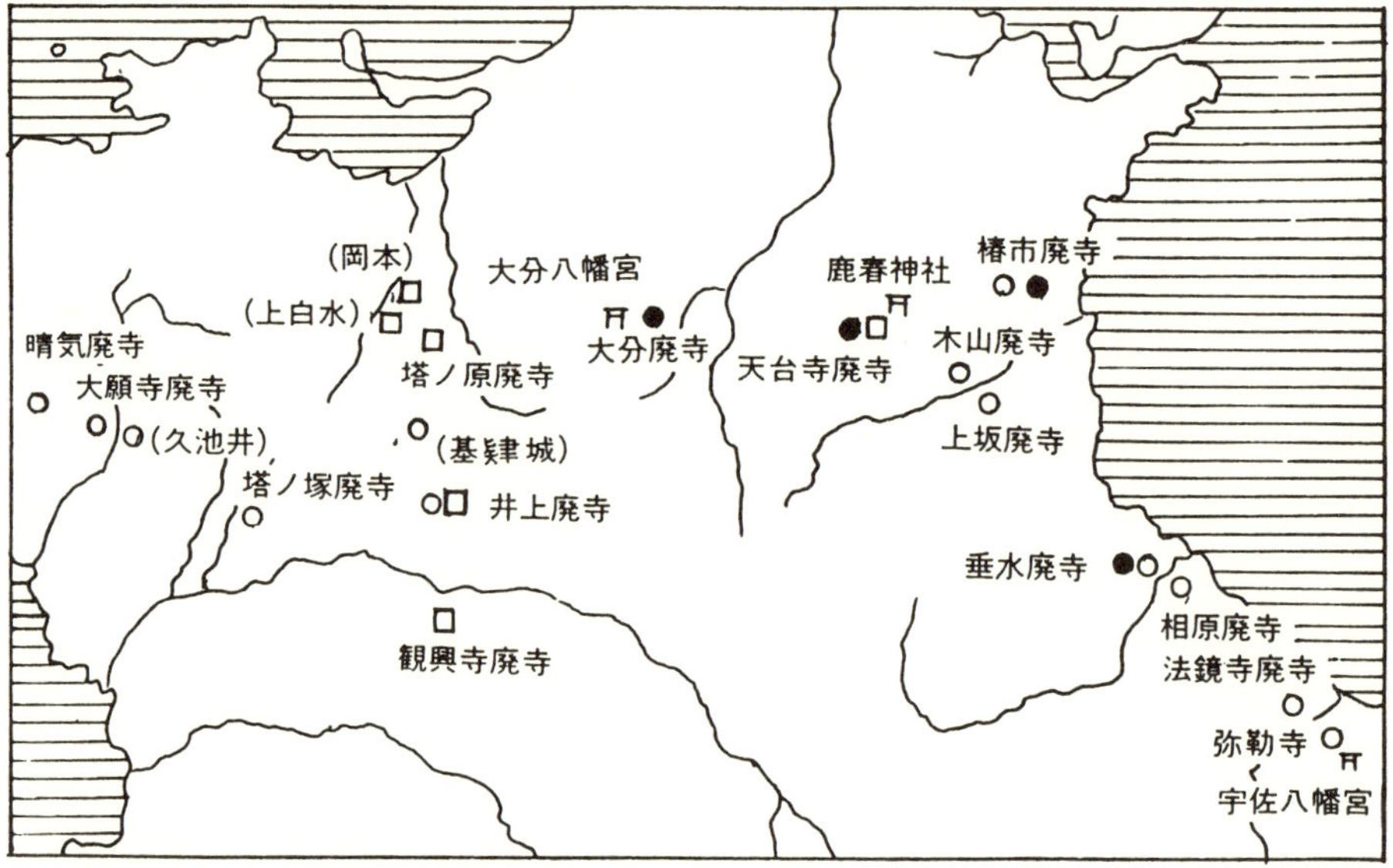

□ 山田寺・井上廃寺系の百済系瓦(白鳳前期)
○ 基肄城系の百済系瓦(白鳳後期)
● 新羅系瓦(白鳳後期)
( )は寺院でないか、または廃寺の確認ができないもの

図—30　北部九州の新羅系瓦と百済系瓦の分布図

世音寺の建設過程が明らかになったことと、磐井の乱以後の復興期を経て、観世音寺建造が行われていることから考えて、新羅系瓦を用いた寺院は五三一年の磐井の乱以後の復興期につくられた寺院と思われる。復興期に活躍した技術者集団が上宮法皇の考えられた、それ以前の寺院と全く異なる新しい寺院、観世音寺の創造に参加したことになる。観世音寺で新しくつくられた瓦がやがて新羅系瓦に替わって使われるようになる。

森氏の論文に「北部九州の新羅系瓦と百済系瓦の分布図」(図30)が示されている。瓦の年代が繰り上がったことから、観世音寺創建の六〇〇年頃にこれだけ多くの寺院が北部九州に存在したことが判明する。これ以外にも百済系瓦と新羅系瓦の出土が十箇所程わかっている。多くは寺院跡である。●印の新羅系瓦出土の寺院は五三一年から六〇〇年に掛けて造られた寺院である。○印の基肄城系の百済系瓦は「白鳳後期」と分類されており、百済系瓦のなかで技術的にも意匠的にも発達した瓦と判断されていることがわかる。五三一年以前に造られた寺院である。□印の山田寺・井上廃寺系の百済系瓦は「白鳳前期」と分類されており、さらに時代が遡ることは明らかである。老司式瓦や鴻臚館式軒瓦を使用した第II期政庁の建てられたのが四七五年頃であることを考慮すると、四〇〇年前後の寺院の可能性さえある。

このように倭国では、観世音寺を造り始めていた六〇〇年までに二百年近い寺院建築の経験があり、技術の蓄積があったことがわかる。観世音寺という世界に誇り得る完璧な寺院建築が生まれた背景が理解出来るであろう。

文様塼について

横田氏は「古瓦塼よりみた大宰府と朝鮮」で次のように記されている。

第II期に使用されたと考えられる瓦の中で朝鮮系と思われる例は政庁で出土している鬼面文鬼瓦と学校院跡等で出土している文様塼があげられる。

そして文様塼について次のように述べられている。文様は外区に珠文列がめぐっており、内区は花文である。また地文は水波文が配されている。学校院・政庁跡・観世音寺で出土しており、九〇パーセントは学校院跡の出土である。本来使用された場所で発見された例はなく、どのような建物に使用されたのかはわかっていない。また文様は異なるが、地文が水波文である緑釉水波文塼が大和の川原寺、興福寺東金堂、東大寺二月堂、平城京左京一条三坊の東三坊沿いの邸宅跡で出土している。その年代は各遺跡の年代から七世紀後半から八世紀中葉頃と考えられると述べられている。

後半で取り上げられた緑釉水波文塼が七世紀後半から八世紀中葉頃に突如として大和の地に現

れる。しかし技術は伝達され、改良されるように連続性のあるものであり、技術的背景もなく突如として大和の地でつくられたとは考えられない。大宰府都城の第II期に出土した文様塼の技術の延長上にあると思われる。四七五年から五三一年の間にすでに倭国に育っていた技術である。すなわち、緑釉水波文塼も壬申の乱での戦利品として九州から大和へ運ばれたと思われる。(壬申の乱後、技術者が大和へ連れてこられた可能性は否定出来ないが、これまでの所では証拠となる事実には出合っていない。)

興福寺や藤原宮の瓦や緑釉水波文塼が法隆寺の瓦と同様に壬申の乱後、九州から運ばれてきたものであることを考慮して、九州瓦の歴史を表にしてみた(表5)。

ところでこれまで老司式と鴻臚館式という分類がなされてきたが、両者は写真7、8で見るように、一つの技術の流れのなかの表現の違いとしか考えられない。分類する意義が見出せない。鴻臚館式は老司式に含めて考えるべきであろう。

発掘例①

虚空蔵寺跡と称される寺院跡の発掘調査結果がある。

大分県宇佐平野の南奥に塔跡が遺存している。一九五四年、一九七一年の二度の発掘調査が

表5　九州地方の瓦及び塼の変遷

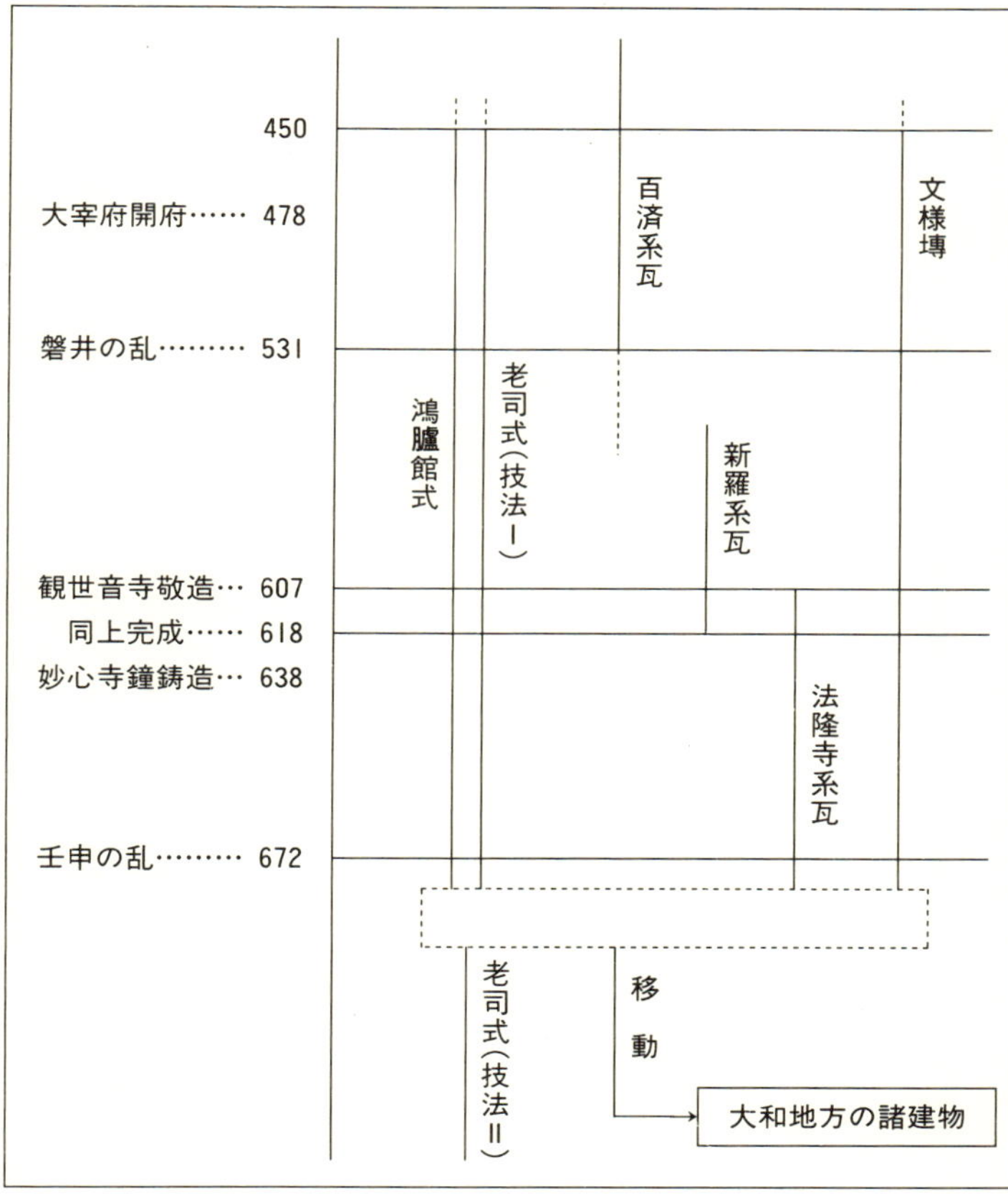

行なわれ、方四〇〇尺の寺域が推定されている。出土瓦は新羅系平瓦と川原寺系複弁八葉（同七葉）軒丸瓦と法隆寺系忍冬唐草文軒丸瓦である。さらに塔の壁画を飾ったと思われる多くの椅座独尊塼仏が出土している。これと同笵品である塼仏が大宝三年（七〇三）建立と伝えられる大和南法華寺にある。（「九州の古代寺院」小田富士雄『九州歴史資料館開館十周年記念大宰府古文化論叢』及び『大宰府と新羅・百済の文化』による。）

この発掘調査で得られた事実は何を物語っているのであろうか。脈絡がないようにみえるこれらの事柄は表5「九州地方の瓦及び塼の変遷」を用いて、その全体を説明し得る。

現在、虚空蔵寺と称されているこの寺院の創建時の瓦は新羅系平瓦と川原系複弁八葉（同七葉）軒丸瓦のセットであったと思われる。この川原系複弁八葉（同七葉）軒丸瓦は老司式瓦の系統に属する瓦であることは誰の目にも明らかである。虚空蔵寺の創建が五三一年以降であることがわかる。やがてこの新羅系瓦をつくった技術者集団が参加して観世音寺が六〇七年に敬造される。そして俀国の寺院で使用される瓦が観世音寺の瓦の系統に移っていく。虚空蔵寺の瓦の葺き替えや新しく造られる建物では観世音寺の系統の瓦、すなわち法隆寺系忍冬唐草文軒平瓦が使用される。また塔の壁画は創建時から椅座独尊塼仏によって飾られていた。壬申の乱後、戦利品として、この寺は解体されて大和へ運ばれる。その一部が南法華寺に残る塼仏である。

この説明によって得られた塼についての認識を再確認しておこう。学校院等出土の文様塼や虚空蔵寺出土の塼仏によって、倭国には塼製作の歴史と技術があったことがわかり、反対に南法華寺の塼仏が示すように、虚空蔵寺から塼仏を運んでこなければならなかった大和の地には、それらがなかったと断言できる。

発掘例②

一九八八年八月十一日、茨城県結城市教委は同市矢畑の結城廃寺跡の発掘調査結果を発表した。結城廃寺は常陸国新治郡に隣接する下総国にある。そこで粘土仏像の塼仏が十種類約五十八点が見つかっている。

十種類のうち観世音菩薩像や薬師如来像など八種類の塼仏はこれまで出土例がないという。また如来三尊像など二種類は法隆寺の押し出し仏の鋳型（現存）を使った珍しい塼仏。寸法は縮んでいるものの彫りの一つ一つが一致し同じものとわかった。（朝日新聞八月十二日）

さらに原型が地方でつくられたと見られる塼仏があることも付け加えられている。法隆寺にある鋳型が観世音寺から運ばれたものであることは明らかで、鋳型が使われたのは、塼の技術のあった倭国大宰府都城であったと考えられる。倭国の観世音寺と下総国結城廃寺が少なからぬ関係があったことがわかるとともに、結城廃寺が六七二年以前にすでに寺院として栄えていたことが明らかになる。

またこれに関連して「上野の古代・中世の仏教文化」と題した近藤義雄氏の論文（『歴史手帖』12巻11号）の一部を引用したい。近藤氏は考古学界の常識を打ち破る異説――しかし真実である――を述べられている。

このような仏教文化の影響のある鏡を出土した赤城神社古墳は、詳細な調査がなされていないため築造年代は明らかでない。しかし、主体部は粘土槨であり、前期古墳と考えられるので五世紀末まで遡るのではなかろうか。当時既に仏教文化の影響をうけたものが群馬の地にもたらされていたのである。

六世紀に入ると、古墳から小金銅仏の出土例もみられる。群馬町保渡田薬師塚古墳は、六世紀前半の築造と推定され、国指定重文の銅製馬具が出土した。この馬具と同時に半迦思惟像も出土したが、かつては古墳出土の像はあり得ないとして指定から除外された。しかし、天和三年（一六八三）発掘の記録には馬具や内行花文鏡と同時に発見されたとある。この像は台座とも同時鋳出の飛鳥様式の金銅仏であり、古墳築造とも一致している。

すでに述べたように仏教の日本列島への伝来は五世紀以前に遡ることから、関東の地にも遅くとも五世紀後半には伝わっていたと思われる。

第7章　再び俀国について

裴清

六〇七年の遣隋使は「日出る処の天子……」の国書を上表し、煬帝を怒らせたが、六〇八年、隋は文林郎裴清を俀国に遣わした。『隋書』俀国伝にその様子が記されている。

俀王は小徳阿輩臺を遣わし、数百人を従え、儀杖を設け、鼓角を鳴らして歓迎させた。十日ののち、また大礼哥多毗を遣わし、二百余騎を従え、都の郊外に出て迎えねぎらわせた。俀王と清とが会った。

この記述の都は大宰府都城である。博多湾岸に到着した裴清は数百人にのぼる儀杖を受けて上陸した。湾岸で十日間を過ごしている。当時すでに存在したであろう鴻臚館にとどまったと考える以外にない。野球で有名な平和台球場が鴻臚館跡である。ここで多量に見つかった瓦を鴻臚館瓦と称したのである。すでに述べたように四七八年の大宰府開府以来使われた瓦で、第II期政庁に使われた主要な瓦である。鴻臚館は四七八年以降、六〇〇年迄の約百二十年のあいだに造られたと思われる。

鴻臚館を出て、府の大道を通って大宰府都城に向かった裴清の一行を、二百余騎の儀礼隊を従えた大礼哥多毗が迎えた。都の郊外とあり、水城の外に出て迎えねぎらったと思われる。磐井の乱によって壊滅した都城も七十年が過ぎ、再建された建物が立ち並ぶ美しい都に蘇っていたであろう。大宰府東門を入った一行は、政庁（第III期）に案内され、多利思北孤と会見した。政庁の並びには前年（六〇七年）に建てられた観世音寺があり、金堂と五重塔が光り輝いていた。金堂の内部はまだ壁画が描かれておらず、彩色もほどこされていない。五重塔も内部の須弥山はまだつくられていない。しかし、金堂の内には金色に輝く、つくられたばかりの釈迦尊像（法隆寺金堂薬師像）が置かれていた。間違いなく裴清は観世音寺を見たであろうし、その美しさに目を奪われたであろう。

井戸

大宰府都城は鏡山氏によって明らかにされた。整然と碁盤目状につくられた都には、どれほどの人々が住んでいたのであろうか。この都城跡では多数の井戸跡が見つかっている。「大宰府検出の井戸―とくに形態分類を中心として」（横田賢次郎『九州歴史資料館開館十周年記念大宰府古文化論叢』）に井戸枠模式図（図31）が示されている。横田氏はこれらの井戸が平安末期から鎌倉時代のものと判断されている。では、卑弥呼の時代から多利思北孤の時代、さらに壬申の乱まで、大宰府に井戸がなかったのであろうか。それとも他に給水の方法があったのだろうか。否、これらの井戸が倭国の時代に使われた井戸跡である。横田氏は形態分類されたが、目に見える形態に意味のある物の分類とは異なり、土の中に隠れている井戸枠であり、模式図の井戸には個々に井戸掘りの技術が伴っていることに気付かれるべきであったろう。倭国には井戸掘りの技術の連綿とした歴史があったことをこの模式図は伝えている。

　このことを傍証する資料がある。古田武彦氏は『常陸国風土記』の「倭武天皇」が倭武その人であることをすでに論証されている（『倭人伝を徹底して読む』）。『常陸国風土記』の記事の一部を次に挙げる。

①　倭武天皇、東の夷の国を巡(めぐ)狩りて、新治の縣に幸過(いでま)し時、遣わしし国造比那良珠の命、新に井を掘らしめしに、流泉浄(いずみきよ)く澄み、丈好愛(いとうるわ)しかりき。

②　昔、倭武天皇、岳の上に停留(とどま)り給ひて、御膳を進奉(たてまつ)りき。時に水部をして新に清井を掘らしめしかば、出泉(いずみ)浄く香り、飲み喫ふに丈よかりき。

図—31　井戸枠模式図

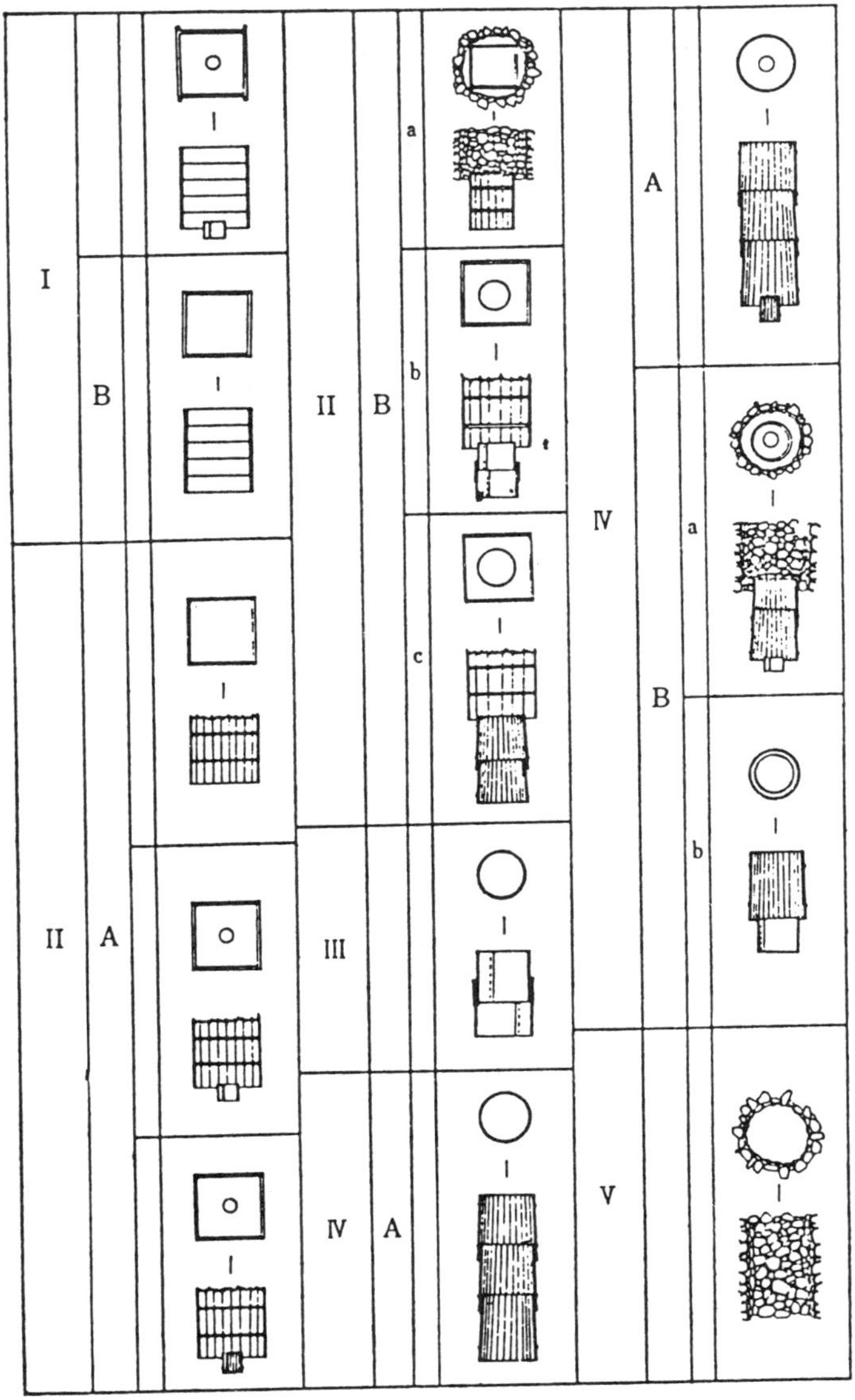

③　倭武天皇、此の濱に停宿り給ひ、御膳を羞め奉りき。時に都べて水なかりき。すなわち鹿の角を抜き執りて地を掘りしに、その角折れたるが故に名づくといへり。

以上、三つの倭武の井戸掘りの説話が記されている。五世紀後半の倭国はすでに他に誇り得る井戸掘りの技術があったことがわかる。

水城

裴清の大宰府都城訪問の様子を述べるにあたり、水城がすでに多利思北孤の時代に存在していたことを自明としたが、ここで水城について考察する。

『日本書紀』には天智天皇二年（六六三）の白村江の海戦に敗れたことを契機に水城が造られたことが述べられている。

是歳、対馬嶋、壱岐嶋、筑紫国等に防人と烽とを置き、筑紫に大堤を築きて、水を貯えしむ。名づけて水城という。

そして、翌年には大野城及び基肄城が築かれたと述べられている。

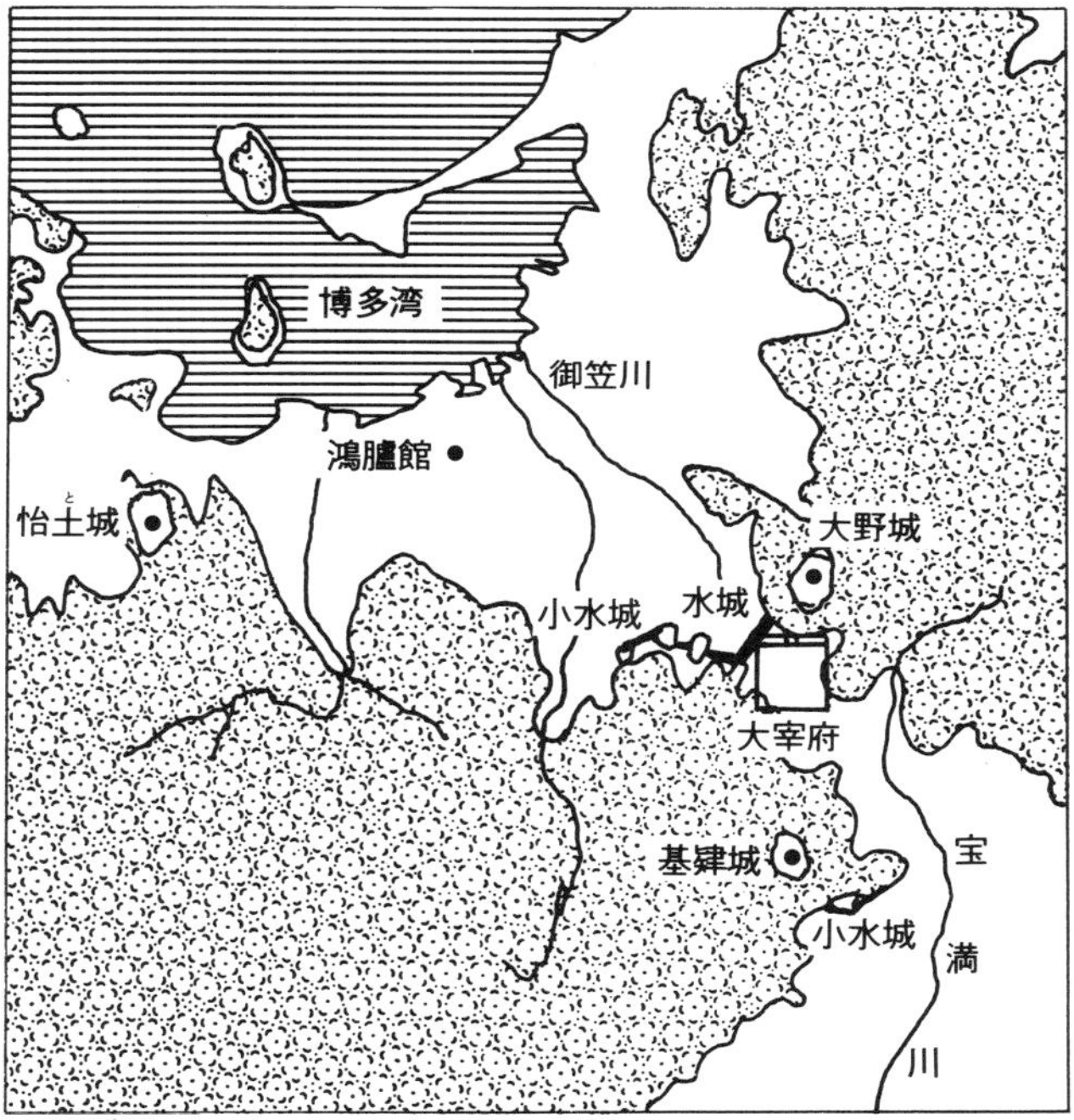

図—32　大宰府周辺図

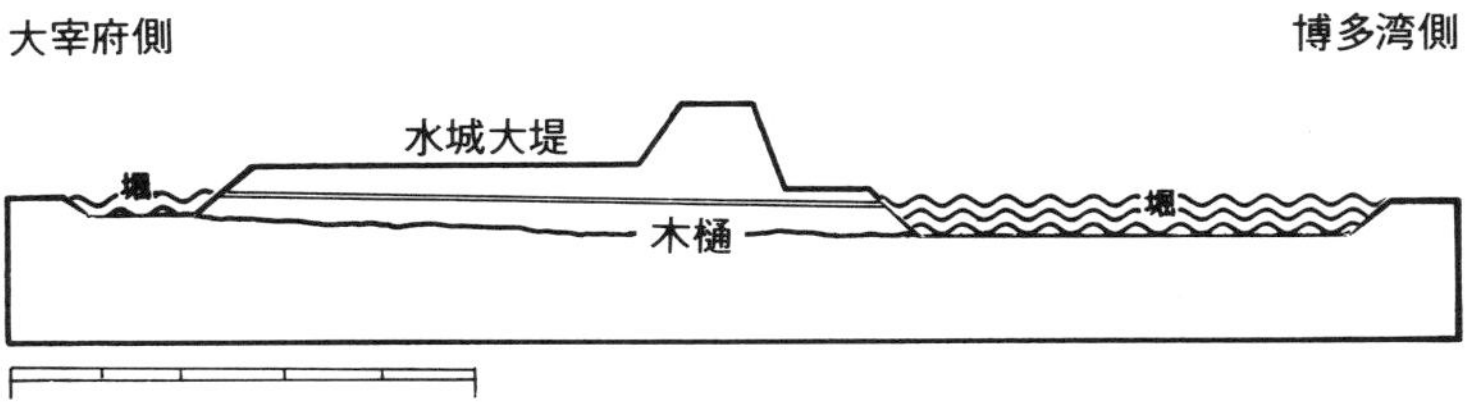

図—33　水城横断面模式図（『大宰府と多賀城』岩波書店による）

秋八月に、達率答炑春初を遣して、城を長門国に築かしむ。達率憶礼福留、達率四比福夫を筑紫国に遣して、大野及び椽、二城を築かしむ。

大野城出土瓦が四七〇年以前のものであることはすでに検討した。この瓦は礎石をもつ遺構の礎石の下にあった掘立柱穴の中から見つかったと報告されており、大野城が大宰府都城に関係する城として古くから存在したことを示している。図32は大宰府都城周辺図である。これを見れば、大野城とともに水城、基肄城が大宰府都城の防御ラインとしてつくられたことは明らかである。『日本書紀』の記述は七世紀後半とされているから捏造されていることがわかる。

朝鮮の歴史書『三国史記』には倭国との戦の記録が沢山ある。二〇〇年代の卑弥呼前後から戦の連続である。しかし、五〇〇年の戦を最後とし、その後は多利思北孤の時代に至るまでの約百年は戦が記録されていない。この『三国史記』の戦に関する記録は『隋書』に俀国は兵あれど「不征戦」と記されていることと一致する。「不征戦」以前は約三百年間の戦の日々があった。朝鮮半島に倭地があって、これらの戦が行われたことはすでに諸氏が指摘されるところであるが、その倭国の首都大宰府都城は堅固な城であったことを示している。ヨーロッパにおける東ローマ帝国の都コンスタンチノーブルに似た存在であったと思われる。

水城は全長一・二キロメートルあり、版築工法によって築かれている。図32は水城の断面図である。難攻不落と言われたコンスタンチノーブルの城壁に匹敵する規模である。構築には相当の年数を要したと思われる。この断面図の堀は今はないが、この堀に水を貯めるための設備がいくつか見つかっている。

この木樋は檜材の底板と側板及び蓋からなり、延長七九・五メートル、巾は内法で一・二メートル、高さ八〇センチメートルである。蓋はほとんど腐蝕してしまっているが底板は非常に残りがよく、厚さ二十八センチメートルの長大な板二枚の側面を合い欠きにして組合せ、さらに大きな平鎹でとめている。この木樋の南端には、これと直交する長さ六メートル、巾九〇センチメートルほどの板材が組み合されており、その形状から、ため枡の役割を果したものとみられる。またこれとは反対側、すなわち大堤外側の堀に突き出たほうの側板の末端上面は、斜めにそぎ落されており、水はここから堀へ流出したものとみられる。(「大宰府発掘」石松好雄『古代を考える大宰府』)

さらに東門内側の木樋付近で井戸が一基見つかっており、堀の貯水は井戸水を用いて行われたことが指摘されている。井戸の項で検討した井戸掘りの技術は他の水利の技術にも及んでいたことがわかる。樋に用いられた板材が年輪年代測定法で測定されることを望みたい。

俀国の領域

多利思北孤の時代の俀国の領域はどこまであったのだろうか。『隋書』俀国伝に次の記述がある。

明年、上、文林郎裴清を遣わして俀国に使せしむ。百済を度り、行きて竹島に至り、南に𨈭羅国を望み、都斯麻国を経、迥るかに大海の中にあり。また東して一支国に至り、また竹斯国に至り、また東して秦王国に至る。その人華夏に同じ、以て夷洲となすも、疑うらくは、明らかにする能わざるなり。また十余国を経て海岸に達す。竹斯国より以東は、皆な俀に付庸す。

都斯麻国（対馬国）以下が俀国の領域を簡便に述べている。「竹斯国より以東は、皆な俀に付庸す」の竹斯国をのちに用いられる筑紫国と理解されているのが現状である。では筑紫国の西や南に位置する国はどうであったのか。筆者が知らなかったとか、無視されたとか考えられるのであろうか。しかし、これは竹斯国を筑紫国とすることに誤りがある。竹斯国は現在の九州全体を指しており、最後の文は「九州より以東は、皆俀に付庸す」となる。九州から東に秦王国があり、さらに十余国を経て海岸に達する範囲である。

また俀国伝の最初の部分の記述は次のようになっている。

その国境は東西五月行、南北三月行にして各々海に至る。

竹斯国を九州と読んだ文の内容に一致している。すなわち、俀国は九州、四国、本州を含む領域である。さらに秦王国や十余国を経ると書かれていることから、連邦制のごとき体制の国家であったと思われる。すでに述べた、常陸国の倭武天皇説話や、下総国結城廃寺の塼仏や、播磨国の五十万代の観世音寺への施入が、北海道を除く日本列島の統一国家俀国を知ることの出来る例であることが理解されよう。

少し年代が降るが、『冊府元亀』顕慶四年（六五九）に次の記録がある。

① 外臣部朝貢三
顕慶四年十月、蝦夷国、随倭国使入朝。
② 外臣部状貌
高宗顕慶四年蝦夷国遣使入朝。其鬚長四尺

六五九年に倭国使に伴われて、蝦夷国の使が唐に朝貢したことと、その使の特徴が記されている。

また『日本書紀』にはこの朝貢のことが記載されており、さらに『伊吉連博徳書』が引用されている。次にその一部を挙げる。

使人謹答、類有三種。遠者名都加留、次者麤蝦夷、近者名熟蝦夷。今比熟蝦夷、毎歳入貢本国之朝。

都加留は現在の津軽に名が残っている。蝦夷のなかで、都加留と麤蝦夷は独立していたが、熟蝦夷は倭国に付庸していたことが記されている。

多利思北孤の治世には日本列島が統一されていたことがわかる。

倭国が五三一年の磐井の乱で継体軍に侵略されたあと急速に立ち直ったことはすでに述べた。はやくも十年後、明要元年（五四一）に倭国年号明要を用いた明要寺が創建されている。（古田武彦『古代は輝いていたIII』）その場所は兵庫県の神戸市北郊の丹生山である。大和が本拠地である継体軍を圧倒して、服従させたあとの出来事であろう。この頃には日本列島が統一されたと思われる。九州を中心とする連邦国家俀国の成立である。

　では上宮法皇の時代の俀国の文化はどのようなものであったのだろうか。次に法隆寺の仏像を考察することから始めよう。

第Ⅳ部　日本の天才・上宮王の業績

第8章　法隆寺の仏像

法隆寺東院伽藍

夢殿を中心とする法隆寺東院伽藍の創立について、太田博太郎氏は『南都七大寺の歴史と年表』で次のように述べられている。

東院の資財帳である『法隆寺縁起并資財帳』（以下『東院資財帳』と略す）も保安二年（一一二一）に田舎小屋の反故中からみつかったという曰くつきのものであるが、この方は署名者である寺主法師隣信・上座法師善湜・可信法師臨照・同乗教・同願豊・同栄泰の六人のうち、前の四人は他の天平時代の文書にもみえているので、偽書とは思えない。これに、東院の縁起が記されていれば、東院の創立の次第が明らかにできるが、残念なことに、首部を欠き、知ることができない。しかし文中に天平九年に皇后が経七百七十九巻と『法華経』の経櫃を、律師行信が、鉄鉢を奉納したと記していることからみると、東院の創立は天平十一年よりも早く、少なくとも天平九年までは遡るのかもしれない。

法隆寺西院伽藍の移築が七一〇年に完成してから三〇年弱の天平九年（七三七）以前に東院が完成していた可能性が述べられている。このことから少なくとも七三〇年には東院の工事が行われていたと思れる。西院伽藍の移築の内容を知っている人々の中で東院が造られたことは明白で、後世言われることとなった聖徳太子信仰の高まりの中で創建されたとする説が誤りであることがわかろう。

天平七年（七三五）から天然痘が猛威をふるい、天平九年には藤原房前、藤原麻呂、藤原武智麻呂、藤原宇合と大和政権の中枢にあたった藤原家の人々が死亡したことはよく知られている。『續日本紀』天平九年の条に次の記述がある。

是年春。疫瘡大発。初自筑紫来。経夏渉秋公卿以下天下百姓。相継没死。不可勝計。近代以来未之有也。

天然痘が筑紫から始まり、天平七年には全国的に拡がり、天平九年には権力の座にある人も病魔から逃げられなかった。次々と死んでいく周囲の人々を見て地獄にいる思いのしない人はいなかったと思われる。『東院資財帳』の記載内容を検討すると次のことがわかる。

① 記載された品名の大半は天平九年の藤原氏皇后宮の奉納品と天平十四年、天平十八年の正三位橘夫人の奉納品である。

② 奉納品は「藤氏皇后宮推覓奉請坐者」、「日律師法師行信推覓奉納賜者」などと記され、「推覓」という語句が使われている。「おしひらきもとめる」と読め法師行信らが説得して求めた品であることが明記されている。

③ 上宮聖徳法王、すなわち聖徳太子に関わる品物と記されており、上宮法王ゆかりの品であることがわかる。主要な例を挙げる。

Ⓐ 上宮王等身観世音菩薩木像壹軀金薄押

Ⓑ 合経疏捌巻

法華経疏肆巻　正本者帙一枚著牙

律師法師行信覓求奉納者

維摩経疏参巻　正本者帙一枚著牙

右上宮聖徳法王御製者

Ⓐはよく知られる夢殿に安置されている夢殿観音（救世観音）像である。

Ⓑは上宮王の三経義疏である。現在法華経疏のみ残っており、御物となっている。

以上の『東院資財帳』の内容はどういうことを物語っているのであろうか。③の上宮法皇ゆかりの品があることから、観世音寺が（壬申の乱の戦利品として）俀国の地から移築されたように、これらの品も俀国からの戦利品であったことがわかる。

天然痘の災は大和の地にも押しよせ、天平七年から九年にかけて最悪の事態を迎える。法隆寺移築後、二十数年の大和の人々は法隆寺の成り立ちを知っていたし、六十数年前の壬申の乱以降の経緯も知りつくしていたであろう。

法師行信らは天然痘の災の最悪の事態の中で、上宮法皇の遺品を集めるべく、①のように大和政権の中枢にいた人に接近した。そして、②が示すように筑紫からの戦利品を持っていると、と言ったか、上宮法皇の品を粗末にすると、と言ったか、天然痘の災が下るだろうと説得したと考えられる。上宮法皇の遺品の散逸をおそれた行信らの行為は得がたい宗教者の行為と言ったら過言であろうか。

このように、法隆寺は先に検討してきた西院伽藍とともに東院伽藍も深く俀国の上宮法皇と関わっている。まず法隆寺にある仏像を検討してみよう。

① 夢殿観音像

法隆寺東院の夢殿に安置されている夢殿観音像は上宮王をモデルにした等身大の木像であり、筑紫から運ばれたことは先に述べた。

夢殿観音像はクスノキの一材からつくられている。この技法は大和地方の飛鳥時代彫刻に主にみられるとされている。しかし、現在の観世音寺には奈良時代以降のこの技法を用いた仏像が多く存在する。この技法が夢殿観音像をはじめとする倭国の仏像に用いられ、奈良時代以降もその技術が伝わったことがわかる。さらにこの技法の仏像は大和地方では飛鳥時代にのみ見られるので九州から運ばれたものであることは疑えない。

② 百済観音像

法隆寺宝蔵に飛鳥時代の作とされる百済観音像がある。江戸時代の文書に由来が記されているのみで、像の伝来については不明とされている。百済観音像についての記録とされているのは延享三年（一七四六）の『古今一陽集』の一節である。

虚空蔵菩薩、御七尺餘、比の尊像の起因古記にもれたり。古老の伝に異朝将来の像という。そのゆえんを知らざるなり。

古老の伝えは大和朝廷でない他の王朝の仏像を将来したものと言っている。また百済観音像は夢殿観音像と同様一本のクスノキからつくられている。俀国の仏像であることは明らかであろう。

③ 薬師像

すでに述べたように、『西院資財帳』に記載されている観世音寺創建時（六〇七年）に安置された釈迦尊像は法隆寺の薬師像のことである。さらに蛇足を述べれば、釈迦尊像が創建観世音寺の主仏であったために光背銘を必要としなかった。釈迦尊像が法隆寺に移された時、共に運ばれた釈迦三尊像（釈迦尊像并挟侍）にはすでに光背銘が刻まれていた。大和政権によってつくられた創作銘は釈迦尊像の光背に刻まざるを得なかったと言える。

薬師像と釈迦三尊像の釈迦尊像を表現手法で比較すると違いは殆んど認め難いことがわかる。両像の違いを述べれば、薬師像は創建観世音寺の主仏として、釈迦という過去の人物を主題としてつくったと考えられるのに対して、釈迦三尊像が上宮法皇をモデルにつくられたことから生ずる違いである。製作が十六年という時間を置いて行われていることによって生じている違いを考えると、薬師像が釈迦三尊像の作者である止利仏師とその工房の作品と考えて問題ないであろう。

④ 四天王像

金堂には四天王像が安置されている。これらの像は『西院資財帳』に次のように記載された五体のなかの四体と思われる。

金埿雑佛像伍軀

右人人請坐者

仏像のモデルになった人々が請坐したものと読め、その人々が俀国の上宮法皇を支えた人々であることは四天王像の容貌からもうかがえよう。さらに『西院資財帳』では釈迦三尊像の記載に続いて、金埿銅像捌具、金埿押出銅像参具をはじめ合計十八点がこれらの人々によって請坐されたことを記載しており、俀国を代表する人々であったことがわかる。

第9章　創建観世音寺金堂の仏像

三尊形式

ここで六一八年頃完成した観世音寺金堂の仏像について考えてみたい。

釈迦尊像幷挟侍は釈迦尊と挟侍二体の組み合わせである。これに類似するものは北魏のものや法隆寺蔵のものなど数多く残っている。

法隆寺の橘夫人念持仏厨子には内部に阿弥陀三尊像が安置されている。中央に蓮の花に座る阿弥陀像、左右に蓮の花の上に立つ脇侍が独立してつくられている。これらの背後には、天女をレリーフした屛風が立っており、三体の像が一体のものとして表現されている。

このように表現方法はいろいろあるが、主仏と二体の脇侍の組み合わせが仏像表現の一つの形式であったと思われる。すなわち三尊形式である。

ところで、完成時の観世音寺の金堂内陣に薬師像（釈迦尊像）のみが置かれていたとすると、ぽつんと孤立していたことになり、内陣の広さのみが感じられる。四天王像がもともと五体であったことはすでに述べたが、たとえこの五体が安置された状態を考えても不自然さは免れない。また、金堂には内陣を囲むように有名な壁画が描かれている。これら壁画は主要な扱いがなされた浄土図四枚と独尊図で成り立っている。浄土図は主仏と脇侍の組み合わせが基本になっており、三尊形式が用いられている。これら壁画を含めて内陣は一つの空間として完璧に表現されていたと考えて問題ないであろう。私は三尊形式を用いた内陣のつくりがなされていたと考えている。すなわち、内陣中央に薬師像が置かれ、左右に脇侍として夢殿観音像と百済観音像が置かれていたと思う。

夢殿観音像と百済観音像の比較

夢殿観音像が上宮法皇をモデルにしていることから、百済観音像は干食皇后をモデルにしていることになる。脇侍の構成としてこれ以上の組み合わせはあるまい。そして、囲りには倭国を代表する五人が配されていた。この考えが成立するか否か検討してみる。まず、夢殿観音像と百済観音像の共通点を列記してみよう。

① 一本のクスノキからつくられており、金銅製装身具を付けている。

② 宝冠は額を巻く帯に、帯上部を飾る花飾と側頭部からの垂帯を付ける構成である。

③ 宝冠には四枚の金銅製花びらを持ち、花央に紺青色のガラス玉をあしらった花が複数付け

表6　夢殿観音像と百済観音像の相違点

	夢殿観音像	百済観音像
体　　形	男	女
宝　　冠	丈の高い三山冠状の花飾 垂帯は片側2本	丈の低い三面頭飾状の花飾 垂帯は左右1本ずつ
複弁蓮華座	上下二段	縦長の一段
体重表現	内刳(えぐ)りなし	内刳(えぐ)りあり (体内に空洞をつくる)
髪　　型	垂　髪	髻と垂髪
手の表現	宝珠を両手でもつ	片手に水瓶、片手を水平に 持ち上げる
光　　背	後頭部に直付	竹状支柱で支持
光背文様	全て刻まれている	一部が刻まれ、 一部は彩色のみ

られている。

④　複弁蓮華座に立つ立像である。

⑤　足もとの表現がぶっきらぼうである。

> 足の趾・足の作り方は、手先にくらべてはいささか無器用すぎるほどで何の曲もなく、足先はむしろ閑却せられているというべきであろう。（『百済観音』浜田青陵）

⑥　衣服の襞（ひだ）を表す線と下半身前面に付けられた飾結び。（但し結びの位置は差がある）

⑦　首飾りの輪郭線。

⑧　側面から見た弓形の体形と宝珠形光背の外形。

これらの共通点は夢殿観音像と百済観音像が一対のものとしてつくられたことを物語っていよう。特に、③、⑤、⑦、⑧はこれまで共通点として指摘されずにきたが無視出来ない点である。

次に、これまで夢殿観音像と百済観音像の相違点として挙げられ、その結果、製作年代が異なるとされて来た点が、実は仏像のモデルを忠実に表現している内容と思われるので、その他の相違点とともに表6に取り上げた。

表6の内容は、体形や髪形における的確な表現であり、体重表現さえ行われていることを示している。光背と光背文様は上宮法皇の力強さと干食皇后のやさしさをより的確に表現しているこ

とは疑えないであろう。また脇侍としての対の表現が宝冠、複弁蓮華座、手の表現に現れていることは明らかである。

薬師像との関係

主仏である薬師像と脇侍である百済観音像との間にはどのような関係があるのだろうか。以下に検討する。

① 薬師像の台座はヒノキとクスノキによってつくられている。

濱田隆氏は「薬師如来台座と墨画樹林飛仙図」(『特別展百済観音』)で次のように述べられている。

下段宣字座の胴体部の鏡板正面は、中央に主山、左右に低山を配するとみられ、痕跡の一部から釈迦如来(釈迦三尊像)台座にも見られるC字形を連ねる古式の山形が認められる。上段の鏡板は四面とも円頂のなだらかな山並を大ぶりに描き、その山際にそって松林らしい遠樹を、またこの遠山の下方には複雑に重なり合う剥片状の古式の岩組を描く。

台座に限って言えば、下段の形制が釈迦三尊像の台座や阿弥陀如来台座の下段と近接する古制を遺すのに対して、上段のそれが橘夫人念持仏厨子などに認められる山岳描写や文様の類型にきわめて近いことは明らかであり、その間にいわゆる飛鳥・白鳳の両様式に代弁される顕著な時代差のあることが指摘される。

濱田氏の観察された内容は、薬師像の台座の下段に描かれた絵は釈迦三尊像の台座や阿弥陀如来像（法隆寺金堂に安置されている鎌倉時代製作とされる仏像）の台座の下段のものに近く、上段に描かれた絵は橘夫人念持仏厨子などの絵にきわめて近いということである。

② 百済観音像について、佐藤昭夫氏は「百済観音像を想う」（『特別展百済観音』）で次のように述べられている。

こうした光背の文様を始め、宝冠・胸飾その他にあらわされた文様は古い飛鳥風の文様と同時に、のちの白鳳彫刻に多く見られるものも混えており、とくに光背の雲気唐草文は橘夫人念持仏本尊の光背と近いことが指摘されている。

百済観音の光背の文様が橘夫人念持仏本尊の光背の文様に近い関係にあることが述べられている。

③ 橘夫人念持仏厨子の屋根部分は法隆寺金堂内陣の天蓋と同一デザインである。

この橘夫人念持仏厨子は『西院資財帳』の次に示す記載の「宮殿像一具金浬銅像」に該当する。

宮殿像貳具　一具金浬押出千佛像
　　　　　　一具金浬銅像
　　右人人請坐者

すでに四天王像の項で述べたように「人人」は上宮法皇を支えた俀国の中枢の五人である。橘夫人念持仏厨子が観世音寺敬造と時を同じくつくられたことは明らかで屋根部分が金堂内陣の天蓋と同一デザインであることはデザインの方法として十分にあり得ることである。

①と②から、絵画的要素の近似関係を見れば橘夫人念持仏厨子を媒体として、薬師像と百済観音像が見た目以上に近い関係にあることが知られる。また③から観世音寺敬造に関わった工房（技術集団）が橘夫人念持仏厨子の製作に関わったこと、そしてさらに薬師像と百済観音像の製作にも深く関わっていたことがわかる。

濱田氏はさらに新しい発見がなされたことを報告されている。

昭和六十二、三年度に（薬師像）台座が解体された。その際、台座下段の鏡板の内面から注目すべき墨画が発見された。墨画は樹木と飛仙からなるが、そこには法隆寺金堂の各所から発見された落書のような戯画的要素はみられず、何れかといえば下描き的要素が濃い。

濱田氏は指摘されていないが、発見された墨画は橘夫人念持仏厨子の内部にある屏風の絵柄と非常に近いものであり、この事実も先の関係を傍証している。

以上によって、六一八年頃完成した観世音寺の金堂内陣は、薬師像を主仏とし、夢殿観音像と百済観音像を脇侍とした三尊形式によって構成されていたことになる。

浜田青陵氏の眼

浜田青陵氏は『百済観音』の中で百済観音像の作者の技量について述べられている。

> 腹部の膨らみは、帯の線によって一たび底止（ママ）せられたように見えているが、その進行はさらに継続して大腿部にいたるまで、軽く前方に膨れ出している。それが再び後退して足の甲のところにおいて、頤下の線まで復帰して、ついにその運動は静止の状態に返っている。また背面における側線は、これと相類似していながらも、また全く相同じではない。
>
> 帯の下から急に少しく膨らんだ臀部の曲線は、ただちに元に復してほとんど垂直に近く、わ

ずかに後退しつつ足蹠（あしのうら）に達している。私はこのゆるやかな曲線のうちに無限の変化と、微妙の美しさとが包含せられていることを感ずるとともに、その根柢（ママ）には、人体にかんする精到な観察と、その写実的知識とが潜んでいるのに驚嘆するほかはない。たとえば臀部の曲線が、かくのごとく急に起こり、急に伏するという特徴のごときは、よほど人体の「モデル」に親しんだ芸術家でなくては、衣服の上からばかり観察した人などの、とうていその機微を了解することはできないところである。

この技量によってつくられた百済観音像の面貌に記述が及んでいる。

私は百済観音の崇拝者であっても、その面貌が観世音菩薩の慈悲に富んだしかも神々しい神格を表現しているということを憚るのである。もしもこれを現わすことがこの像の究竟の目的であったとすれば、古代彫刻家はまさしくこれに失敗しているというよりも、彼の技術は不幸にしてこれをよくする域には進んでいなかったというほかはない。その面長な下膨れの顔は扁桃状の眼、両端の上へ曲った小さな口とともに無邪気（innocence）そのものを表現しているのみであって、そこに特殊の神々しさも、美わしさも認めることができない。もし神々しさがあり、優しさがありとすれば、それは小児の無心からくる神々しさと優しさであって、観音自身がそれを持っているというよりも、むしろわれわれ鑑賞者のほうから主としてこれを移入するものにすぎない。ただ素朴な民族の間に生まれた小児のごとき無邪気さが現わされているだけである。

釈迦三尊像光背銘には上宮法皇が病で伏されたとき、心配と看病疲れであろうか干食皇后が病気になられ、法皇死亡の前日に亡くなられたと記されている。浜田氏の観察内容はこの光背銘から推測される干食皇后が病弱であられたことを見ぬかれていたと言える。

以上のように、上宮法皇の造られた観世音寺の金堂内部は三尊形式で構成されており、その諸仏はどれ一つを取っても完成した美しさを備えていたことが知られる。金堂の内部空間は人間的尺度によって完成していたことが想像できる。この文化の質は西洋文化の中の東ローマ帝国の文化すなわちビザンチン文化に通じており、地球の歴史の一断面として認識される日も遠くはあるまい。

第10章　正倉院御物の検討

文化の流れ

基本となる文化、たとえば稲作や仏教などが国外から日本に入ってきたことは自明である。しかし、これまで外国から影響を受けたと考えられてきた多くの事柄が、事実はそうでなく、影響を受けたとされるものが、影響を与えたとされるものより前に存在していたことが明らかとなった。「古代塼よりみた大宰府」、『大宰府と新羅・百済の文化』、『大宰府遺跡』に外国から影響をうけたと判断されたものを表7に挙げ、右端にこれまでの検討によって判明したその実年代を掲げた。これらは主に建築に関わる事柄であるが、これらが持つ要素は絵画、彫刻、工芸と関連している。

工芸品について

上原和氏の『聖徳太子—再建法隆寺の謎—』の中に以下の文がある。

表 7　文化の影響関係

影響を与えたと考えられてきた物	年代		影響を受けたと考えられてきた物	新たにわかった年代
百済・中井里寺土出土軒丸瓦	6C末～7C初	→	大野城出土軒丸瓦	470年以前
〃　武寧王陵の塼文様	538以降	⇘		
〃　金剛寺出土瓦	〃	→	九州系単弁瓦（百済系瓦）	470年以前？
〃　帝釈寺出土瓦	538～639	→	基肄城系瓦（百済系瓦）	470年以前
新羅・雁鴨池出土塼	680年	→	垂水廃寺軒丸瓦の顎の文様	6C後半～7C初
〃　雁鴨池出土鬼瓦	〃	↘		
百済・窺岩面出土鬼神文塼	538年以降	⇢	大宰府鬼面鬼瓦	470年以前
新羅・興輪寺出土獣面文鬼瓦	7C中	↗		
唐・長安出土文様塼	624年以降	↘		
新羅・雁鴨池出土文様塼	680年	→	大宰府文様塼	470年以前
渤海・東京城出土花文塼	8C末	↗		
新羅・皇隆寺の塔心礎高さ	645年	→	観世音寺の塔心礎高さ	607年

ところで、先年韓国において法隆寺金堂の覆斗形天蓋を初唐様式の影響によるものとみなす私見にとって、きわめて有利な証拠遺品が発見されている。それは一九五九年慶尚北道漆谷郡東明面の松林寺塼塔を解体修理中に発見された舎利容器安置の小厨子である。舎利は、玻璃の舎利容器に納められ、舎利容器がまた緑色の玻璃杯に容れられ、この玻璃杯が金銅の薄板でつくられた小厨子のうちに安置されているのであるが、この小厨子を覆う屋蓋がほかならぬ吹き返し板つきの覆斗形天蓋なのである。

昨夏（昭和四十三年）、私はソウルの国立博物館でこれを実見する機会をえたが（現在は慶州の国立博物館に移されている）、その覆斗形天蓋の構造が、法隆寺金堂の天蓋と驚くほどの一致を示していることに、あらためて注目せざずをえなかった。二重の吹き返し板には、蓮弁形の軒飾りが法隆寺金堂の天蓋の場合とまったく同じ位置に配されており、框の下縁の垂れ飾りのぐあいもまったく軌を一つにしているのである。加えて、台座の四囲の高欄には卍崩し文の透し彫り銅板がめぐらされており、高欄の構成は法隆寺五重塔のそれとの一致がみられたのである。

この韓国新発見の舎利器格納の小厨子の制作年代（あるいは唐からの船載時代）は、松林寺の塼塔の築造された三国鼎立時代の末期もしくは新羅統一時代の初期、すなわち七世紀後半のころに比定されるものと、韓国国立ソウル博物館長の金載元氏はみている。

この文の要点をまとめると、次のようになる。

① 法隆寺金堂の覆斗形天蓋は初唐様式の影響によってつくられている。

② 松林寺出土の舎利容器安置の小厨子（写真9）の屋蓋は法隆寺金堂の天蓋と同じデザインである。

③ 小厨子の覆斗形天蓋の構造が細部に至るまで法隆寺のものと一致していることに加え、台座の四囲の高欄も法隆寺五重塔の高欄の構成と一致している。

④ 小厨子の製作年代が七世紀後半の頃とするソウル博物館長の見解が紹介されている。

しかし、観世音寺は七世紀初頭の六一八年頃に完成しており、法隆寺金堂の天蓋のデザインは六一八年以前になされていた。上原氏が考えられる初唐→新羅→法隆寺という影響関係（①、④）はない。②、③の観察内容から観世音寺のデザインが小厨子に用いられていることは明らかであり、小厨子が九州で製作されたことは疑えない。

また上原氏が述べられるように、厨子の舎利容器は緑色の玻璃杯（写真10）に収められている。東野治之氏は『正倉院』でこの玻璃杯について述べられている。

全体の形や器の外側のガラスの輪を貼りつける技法は正倉院のガラス杯にそっくりである。

写真９　韓国松林寺から発見された舎利容器安置小厨子（上原和『聖徳太子』講談社学術文庫より）

写真10　松林寺小厨子の緑色の玻璃杯（『韓国国宝第１巻　古墳金属編』竹書房より）

写真11　正倉院宝物のガラスの杯（東野治之『正倉院』岩波新書より）

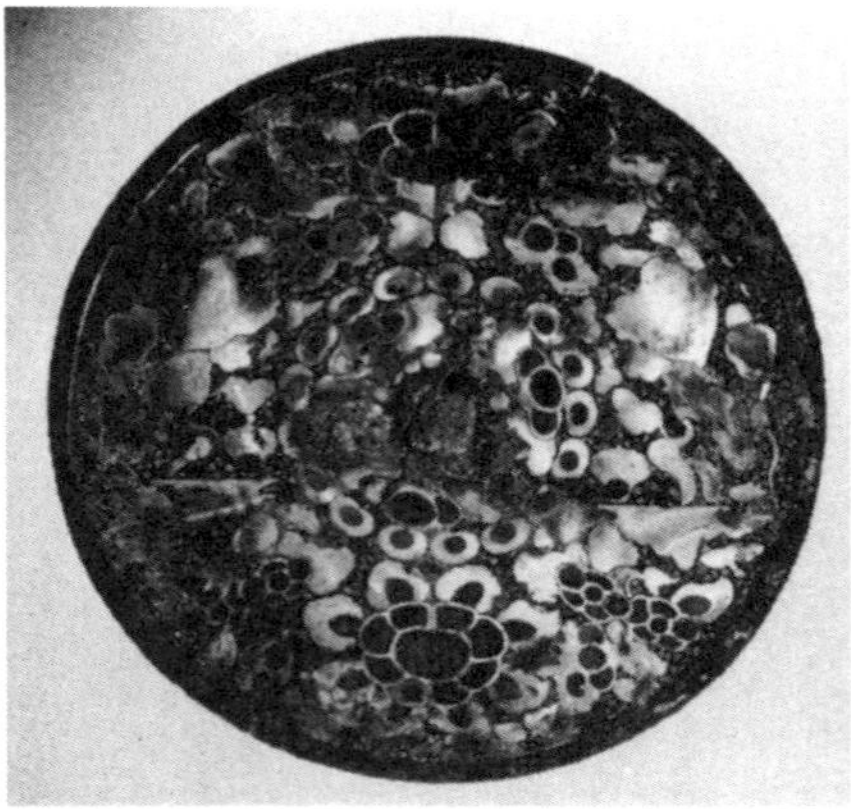

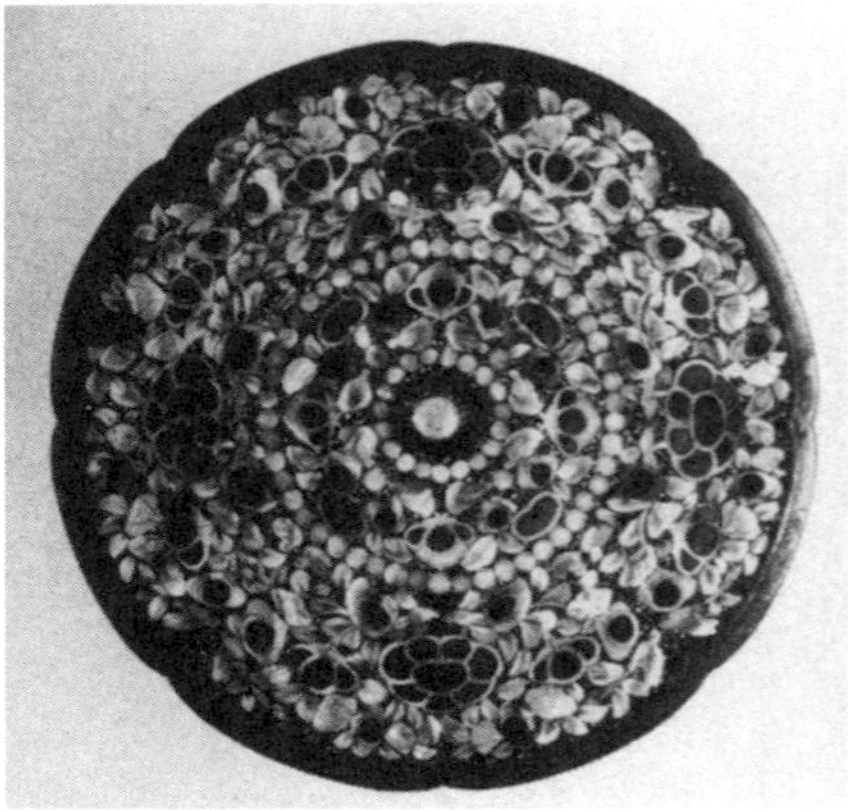

写真12　慶尚南道出土の螺鈿鏡（上、写真10に同じ）と正倉院宝物の平螺鈿背円鏡（写真11に同じ）

写真13　新羅雁鴨池出土鋏（上、『韓国国宝第５巻工芸編』竹書房より）と正倉院宝物の鋏（写真11に同じ）

正倉院のガラス杯（写真11）は、材料が小厨子の玻璃杯と同じソーダガラスであり、誰の目にも同じ工房でつくられたガラス杯と映るであろう。

以上のことを観世音寺の歴史を考慮して述べれば次のようになろう。

小厨子は、観世音寺が完成した六一八年頃に九州でつくられ、六五〇年以降に造られたとされる松林寺に納められた。一方、正倉院のガラス杯は小厨子の玻璃杯と同様に六一八年頃、九州でつくられ、九州内で用いられていたが、六七二年の壬申の乱の戦利品として大和政権の手に渡った。

これらのガラス杯と同じ経緯を経たと思われるものがいくつかある。まず螺鈿鏡である。正倉院の有名な平螺鈿背円鏡と慶尚南道から出土した螺鈿鏡（写真12）である。慶尚南道出土の螺鈿鏡は統一新羅（六七六～）の時代のものと考えられているが、いつのものかは不明とされている。次に蠟燭用の鋏である。正倉院のものと新羅雁鴨池出土のもの（写真13）である。雁鴨池出土の鋏は雁鴨池の遺跡が文武王十四年（六七四）以降につくられたことが明らかになっており、松林寺出土の舎利容器安置の小厨子のガラス杯と全く一致した状況にある。倭国でつくられたものが、正倉院と朝鮮半島に残ったと考えられる。

正倉院三彩に代表される正倉院のやきものは全て国産であるというのが現在の定説である。三彩が大宰府都城や近郊及び沖の島から出土することと、先の品々の経緯を考えると、正倉院のやきものも全て倭国でつくられたものであろう。

このように正倉院御物の殆んどが倭国のものであったことがわかる。さらにこれらの品が倭国王家のものであったことを証明する事実が正倉院御物の中に存在している。

落書について

正倉院文書の中に落書がある。現状は三つに切られて、それぞれ別のところで裏側を使用している。それを写真の上で復原したのが写真14である（東野治之氏の『正倉院』に依る）。この落書を見れば、一字一字、または語句が丹念に書かれており、字の練習を行った紙片であることがわかる。

ここで、『東院資財帳』に上宮聖徳法王御製者とある法華経疏肆巻を見よう。すなわち、その一部が御物として残る上宮王の『法華義疏』についてである。（写真は古田武彦著『古代は沈黙せず』及び『日本の美術　飛鳥・奈良時代の書』による）

『法華義疏』第一の最後の部分（写真15）と最初の部分（写真16）を取り出してみた。写真16の最初の二行は別の紙に書かれて貼られていることは一目瞭然である。最初の二行と最後の部分を見較べると一見違う人の字のように見える。しかし「第」の字を見れば全く同一人の字であることは明らかである。また最初の二行の中の「非」の字は独特な字形である。これも写真16の後半の「非」(◇印)と全く同じである。別の紙に書かれた最初の二行と本文が同一人、すなわち上宮王によって書かれたことは明らかである。

ところで『法華義疏』の最初の部分に別の紙が貼られたのは本文完成後と考えて問題はないであろう。本文完成後、あらたまって書いた字と本文を書いている時の字に違いがあるのは当然であろう。

写真16には比較のために、写真14の落書の字を脇に挙げてみた。落書の字は丹念に書かれた字であるが、字のくせは独特であり、両者が同一人の字と判断出来よう。特に「道」の字は、頭の「ソ」の部分が大きく書かれており、個性的な字である。この正倉院の落書は上宮王が書いたものである。

次に落書の内容について検討しておこう。

① 世界、世尊、無量、無辺など仏典にみえる語句が多く、『法華義疏』など三経義疏を著された上宮王にふさわしい。

② 加冠という語句は『隋書』に「その王始めて冠を制す」と記される上宮王の業績と関連する語句である。

③ 『楽毅論』は三世紀の燕の将軍楽毅を論じたもので、著者は魏の夏候玄である。東晋の王義

写真14　正倉院文書の落書
（東野治之『正倉院』
岩波新書より）

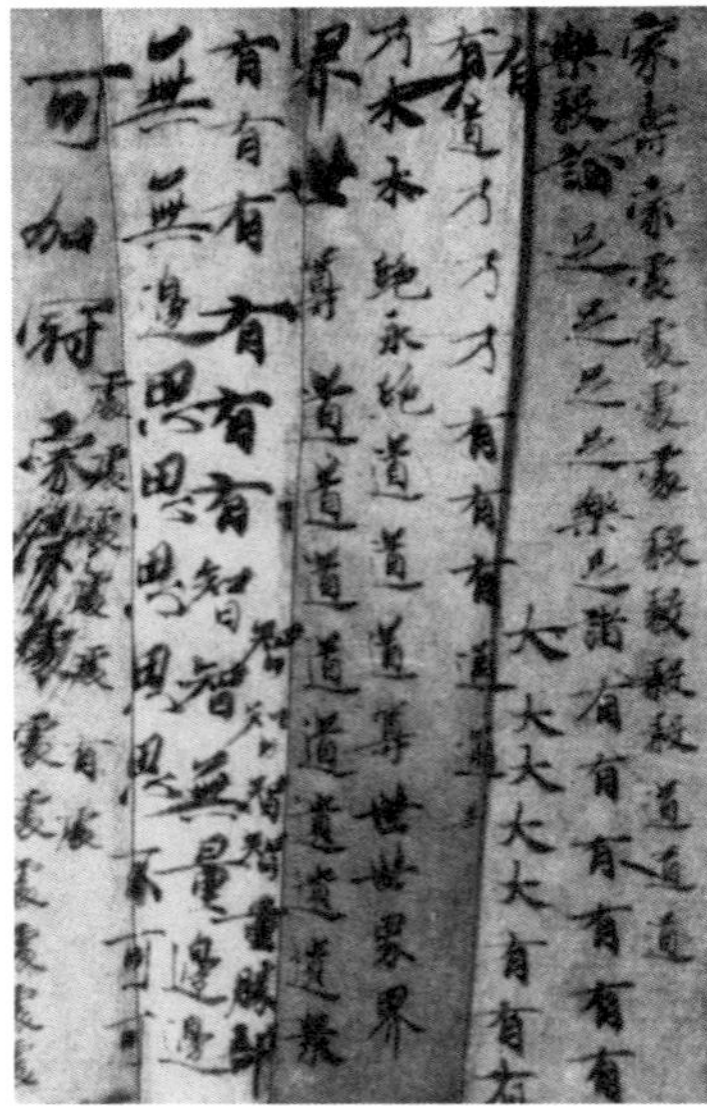

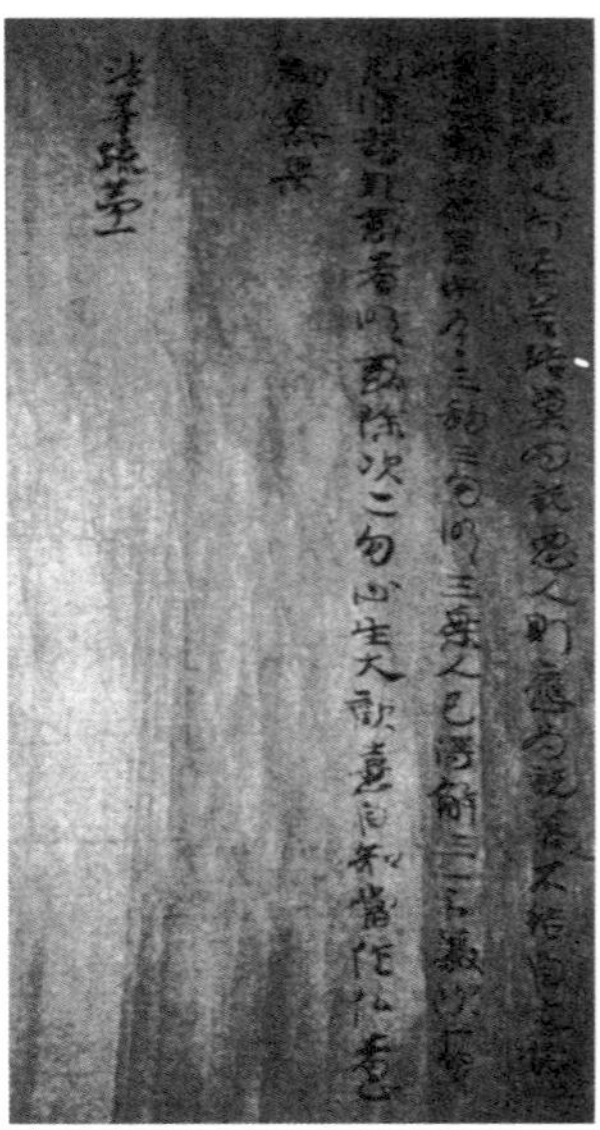

写真15　法華義疏第一の終わりの部分
（古田武彦『古代は沈黙せず』
駸々堂より）

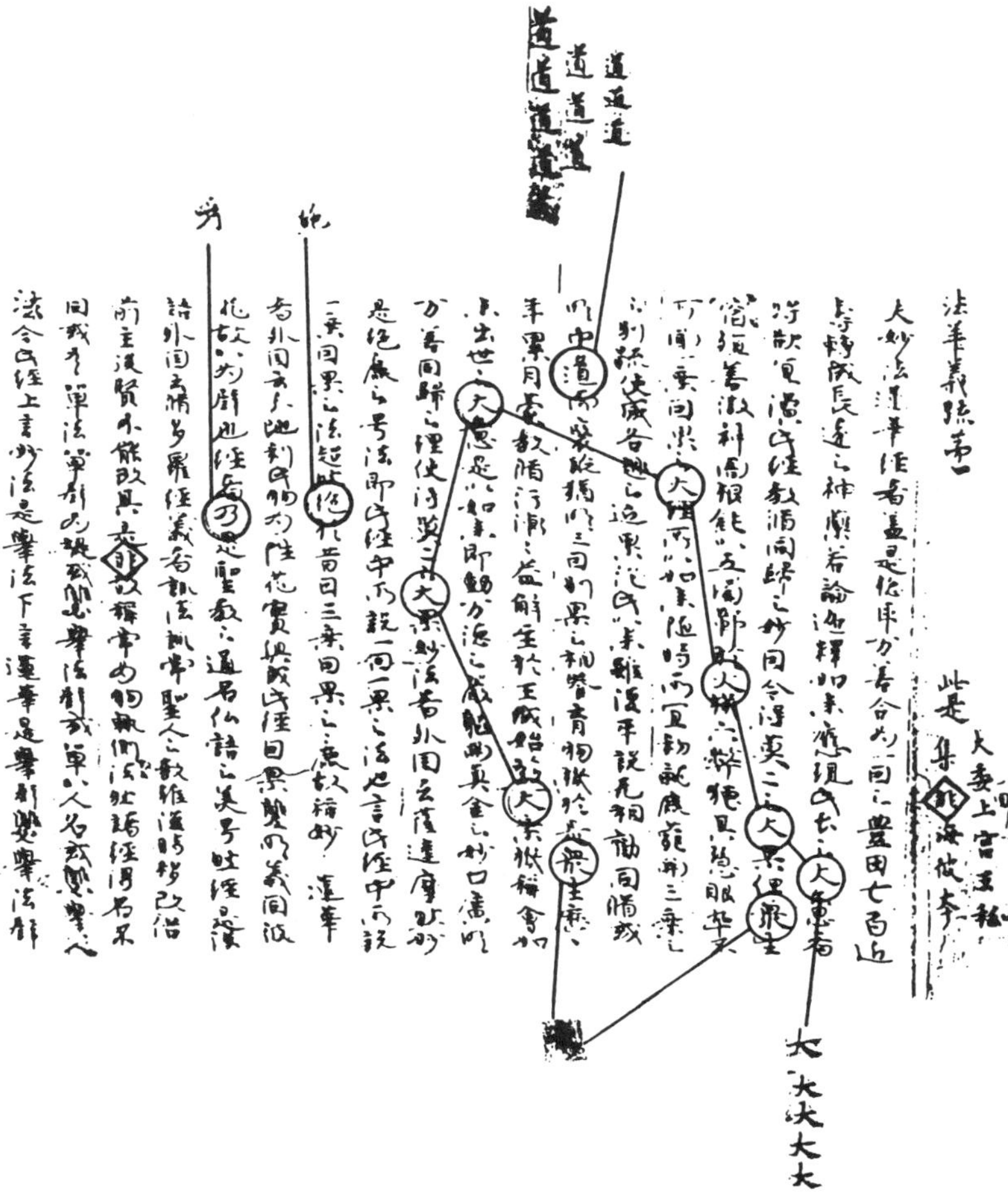

写真16　法華義疏第一の最初の部分（松島順正編『日本の美術4　飛鳥・奈良時代の書』至文堂より）

之（三〇七〜三六五）が書いたと伝えられる法帖が有名である。落書に楽毅論と書いた上宮王は楽毅の王道に則った戦歴に関心があったのではなかろうか。

このように落書の内容は上宮王と関連する内容である。

この落書が正倉院の御物の裏打紙として貼られていたことは、貼られていた御物は少なくとも上宮王の所持品であったことは間違いない。また正倉院の御物が優れた作品の集まりであることも、上宮王の遺品としてふさわしいと思われる。

正倉院の御物の殆どが上宮王を中心とした俀国の宝物であることがわかったことから、俀国の新しい側面を知ることが出来る。二点について述べよう。

螺鈿鏡

すでに述べた平螺鈿背円鏡は白銅製の鏡の背に貝殻や石で文様が描かれている。地質学者益富寿之助氏によって、使用された鉱物の調査が行われている。その結果、ペルシャ産のトルコ石とアフガニスタン産の青金石とビルマ産の赤い琥珀が使われていることが判明した。この三国と俀国は海上交通によって結び付いていたことは疑えない。上宮法皇の時代を中心として、俀国（北海道を除く日本列島）が海上貿易によって、アジアの全域と繋りがあったことを示している。

このことは既成の日本史では語られていない新しい認識に我々を導く。すなわち、俀国の文化は海洋文明を基礎として成り立っていたことである。同時期の西洋において、東ローマ帝国が同じ文化の構造であったことと呼応している。

唐との関係

正倉院御物に唐の工房でつくられたとされる、中央に鹿の文様を打ち出した銀製の大皿がある。裏面に二つの銘が刻まれている。

① 東大寺花盤　重大六斤八両

② 宇字号二尺盤一面重一百五両四銭半

この二つの銘はそれぞれこの大皿の重量を表記していることは明らかである。そして重量単位が異なっていることから、単位制度の異なる二つの時点で銘が刻まれたことがわかる。唐の工房で製作された際、②の銘が刻まれ、大和にもたらされて①の銘が刻まれたというこれまでの解釈は正しいのであろうか。

まず①の銘は東大寺花盤とあることから、大和で刻まれたことは明らかである。東大寺が建立される天平の頃（七〇〇年代中頃）は、文物・制度を唐から取り入れて用いていたことはよく知られている。長さの単位は唐の単位を用い、天平尺と呼ばれるように、重さの単位も唐の単位を用いていたものと思われる。

②の銘の宇字号が唐の工房であるとするならば、②は①と同じ数値・単位になるはずであるがそうではない。これまでの解釈は誤っている。

倭国は唐や大和と異なる単位を用いており、宇字号という工房が倭国にあったことが考えられる。この宇字号という銘を持つ銀器が中国で出土している。先に検討した正倉院の御物と同様、倭国でつくられ、一方は東大寺に、そして一方は唐に渡ったと考えられる。

また唐代のものとされる西安何家村出土の銀製香炉が、正倉院のものと同様の仕掛けであり、同様のデザインであることはよく知られている。これらのことは倭国においてすぐれた工芸品が盛んにつくられ、唐をはじめとする東アジアの国々にもたらされたことを示している。東ローマ帝国の都コンスタンチノープルがヨーロッパへの工芸品の供給地であったことと呼応している。

このような事実を知ると、中国の京劇の一場面もこれまでと違って見えてくるであろう。

唐の玄宗皇帝と楊貴妃の愛を扱った京劇がある。二人が我を通して別れたあと、共に相手が忘れられず縒（より）を戻す場面で、玄宗皇帝が楊貴妃に小箱を与えている。小箱が二人にとって珍しい宝物であるように演じられている。時代が七五〇年頃であり、その小箱がかつて倭国でつくられた小箱である可能性は正倉院御物の経緯から考えても一概に否定出来ない。

第11章　俀国の宗教

延年の舞

平泉毛越寺刊の『毛越寺の延年の舞』に本田安次氏が次のように述べられている。

延年の名称は、遐令延年に出たらしく、諸大寺の法会の後等に、一山の大衆、兒衆、或は遊僧と呼ばれた諸芸に堪能な者等に依って催された遊宴歌舞の総称で、平安の中葉より、鎌倉、室町の初期にかけて大いに栄えたものの様であるが、古くは今昔物語、吾妻鏡、明月記、著聞集、円光大師伝等にその記事が見え、奈良では興福寺、東大寺、法隆寺、多武峯の妙楽寺、薬師寺、京都付近では延暦寺、園城寺、又遠く周防の仁平寺、筑前の宗像神社等でも催された記録があり、仏を称へ寺を讃め、天長地久を祈り、千秋万歳を寿ぎ、また各自持寄りの当代の諸芸を尽し、以て華やかな番組を収めたらしく、下ってはこれらを風流や連事に仕組み、或いは別に田楽や猿楽の衆等を呼び寄せ、当時流行のそれらの能を演ぜしめ、諸人ともに歓を尽したこともあったらしい。

延年の舞が催された記録が残る所や、近年まで伝えられた所は図34の寺院や神社であると述べられている。

八五〇年、慈覚大師開基とされる毛越寺には延年の舞が今に伝えられている。その中に路舞があり、唐拍子とも称されている。この路舞について本田氏は次のように述べ、その歌われる歌を紹介されている。

慈覚大師入唐の折、清涼山の麓に、両童子が出現して舞ひ、大師帰朝の後、当山草創に常行三昧供修法の折、再び忽然と先の童子が現れ舞ったものを伝えたのがこの舞であると言われている。

ソヨヤミユソヨヤミユゼンゼレゼイガ　サンザラクンズルロヤ　シモゾロヤ　ヤラズハ　ソンゾロロニ　ソンゾロメニ　心ナン筑紫ニソヨヤミユ

この八五〇年という年は、東大寺の大仏殿が建立されて約百年後である。日本の都が大和に移

図―34　延年舞の分布と大和政権の東北攻略

って百数十年たち、すでに平安京に移っている。この時点で、東北平泉において、筑紫のことを思い出した歌が歌われたであろうか。大和や平安京が歌われるとか、慈覚大師がかつて訪れた中国の町が歌われるのであればわかるが、この場合は不可解である。六七二年以前の俀国の時代に九州、すなわち竹斯が歌われた歌と考えるべきであろう。

このことは図34の分析からも同様の結論に至る。

① 大和、山城地方の寺院はそのなかの法隆寺が観世音寺を移したものであることから、これらの寺院も多くが俀国から移されたことが考えられる。大和政権は俀国の文化を自分のものとしており、この地方の寺院では、ある程度延年の舞がみとめられていたと思われる。

② 東北地方の寺院もあるまとまりが感じられる。図の七世紀、八世紀、八世紀末の線は大和政権の東北平定の前線である。『日本書紀』『續日本紀』の柵の築造と秋田・淳代・津軽方面鎮定の動きも図に掲げた。また、一九八九年一月二四日付秋田魁新報には年輪測定法の光谷氏によって、秋田県仙北郡仙北町払田の払田柵の角材が八〇一年に伐採されたことが報告され、胆沢(いさわ)城(岩手県水沢市)築造の八〇二年、斯波(しわ)城(盛岡市)築造の八〇三年が正確に記録されていることが明らかにされた。

このように九世紀のはじめになっても岩手県の入口に大和政権の前線の基地が必要であったこ

とがわかる。中尊寺・毛越寺・陸中鹿角・陸中小迫を含む地域が大和政権に最後まで抵抗した地域である。そこに俀国の延年の舞が残っている。

③　本州中央部は大和、山城を除くと山中深い身延山と日光山のみである。大和政権の厳しい取り締まりをのがれるためには簡単に近づけない山中しかなかったことを示している。

④　俀国の中心に近い所に四箇所ある。大和政権が認めたと思われる所と厳しい取り締まりをかいくぐったと考えられる僅かな所である。

俀国の延年の舞が、大和政権によって厳しく取り締まられたことは『續日本紀』の種々の禁令からも類推できるが、毛越寺の延年の舞の催しに残る数々のタブーから、その厳しさがうかがえる。本田氏の記述されたタブーを列記してみる。

○　田楽用の花傘や烏帽子を、舞の始まる迄、四方の柱々に高く竿の先に附けて結びつけておく。

○　昔は酉の刻（午後六時前後）結願と言われていた。

○　常行三昧供は開祖慈覚大師以来の秘法とされ、（中略）昔は、修法中は他人が道場に入ることを絶対に許されなかった。

○ 祝詞は、古来常行堂別当の大乗院、並にその分家に限って務めて来たもので、最も重い式とされ、若し何れかに差支えがあれば、是を誦せず、一老が祝詞本を厳封のまま仏前に供えるにとどめた、その文も、中につぶやく様に唱せられるので、側からは殆ど聞きとれない。

図34は、九州を中心として全国的に分布していた延年の舞が大和政権の厳しい取り締まりによって消滅した状況を映している。

延年の舞は祝詞、田楽、舞、能と日本の伝統芸能そのものである。室町時代に完成されたとされる能はもちろんのこと、これらの芸能がすでに倭国の時代に完成していたことが知られる。また、分布が示すように、延年の舞は神社でも、寺院でも行われていた。倭国が宗教政策上、仏教と神道を併存させていたことがわかる。

海獣葡萄鏡

法隆寺の五重塔心礎の穴の中に海獣葡萄鏡が納められていた。鏡の直径が十センチメートル強で、同笵鏡が中国陝西省の盛唐期の遺跡から出土している。これより一回り大きい直径が十六センチメートル強のものは高松塚古墳と中国西安で見つかっている。さらに大型のものは直径が三十センチメートル弱あり、正倉院南倉の御物としてある。これと同笵のものは茨城県の香取神宮にあり、同様の大きさのものが瀬戸内海の大山祇神社と春日大社にある。正倉院御物の検討から明らかなように、これらの鏡は大宰府都城を中心とした俀国でつくられたものである。春日大社のものは後醍醐天皇下賜品と言われ、正倉院のものと共に壬申の乱での戦利品であろう。

では、大山祇神社や香取神宮の海獣葡萄鏡がのちに大和政権から下賜されたものであろうか。これが伊勢神宮や住吉大社にもあるのなら下賜されたことになろうが、大和から遠く離れた神社である。大型の海獣葡萄鏡は俀国王家から下賜されたと考えるのが自然である。延年の舞から判明したこと同様、俀国が神道を宗教の重要な部分ととらえていたことを示している。

以上のように俀国は、東ローマ帝国がキリスト教中心であったのに比べ、過去からの神道を排斥することなく、仏教と併存させていた。

仏教について

『釈日本紀』に伊豫国風土記の逸文がある。湯の岡の碑文を以下のように紹介している。

法興六年十月歳は丙辰に在り。我が法王大王、恵總法師及葛城臣と、夷輿の村に逍遙し給ひ、正しく神井を観て世の妙験を歎じ、意を紋べまくして、聊（いささ）か碑文一首を作り給ふ。（以下略）

上宮法皇の治世である法興六年（五九六）の出来事である。法王大王が上宮法皇の法興六年時点の呼称と思われ、仏教の師と思われる恵總法師と臣下と思われる葛城臣を連れての旅の出来事である。上宮法皇には恵總法師という仏教の師がおられたことがわかる。

また、唐僧鑒真が日本に来るために十二年に及ぶ渡海の辛苦を厭わなかったことはよく知られている。唐にいた時の鑒真の日本に対する認識が『唐大和上東征傳』に次のように記されている。

大和上答曰、昔聞、南岳恵思禅師遷化之後、託生倭国王子、興隆佛法済度衆生（以下略）

当時の唐の仏教界では恵思禅師は死後に倭国王子に生まれ変わって活躍されたと信じられており、鑒真もその一人であったことがわかる。そして、十二年に及ぶ苦労を乗り越えてその日本に来られた。恵思禅師の没年は五七七年であり、生まれ変わったとされる倭国王子は上宮王以外にはあり得ないであろう。

『唐大和上東征傳』の記述から上宮王の仏教が南朝仏教の系統に含まれることがわかる。また恵思禅師と伊豫風土記の恵總法師が師弟関係にあったであろうことは、名前に「恵」を共有していることや、共に上宮王と深く関わっていることから疑えないであろう。

『法華義疏』

『法華義疏』は最初の撰号に「大委国上宮王の私に集むるところ」とある通り、上宮王が自らの手によって書き記したものであることはすでに述べた。

花山信勝氏は校訳本の解説で『法華義疏』の内容について的確に評価されている。ただし上宮王が法華勝鬘等経を講義されたのが五九八年であることと、上宮王が俀国王であり、その都が大宰府都城であったという事実には至られていない。花山氏は御物の『法華義疏』を詳細に読まれ、観察されて次のように述べられている。

全四巻にわたって、行間の右脇、または余白への細字書き加え、時には二行割りした細字の文句追加、貼紙書き改め、文字の上下入れかえ、返り点による上下文字の修訂、消字など、本書の著者でなくては不可能と考えられる、全四巻に及ぶ前後連絡のある統一的加筆修正がなされている。

さらに上宮王が法華経の解釈において、梁朝三大法師の随一たる光宅寺の法雲師（四六七～五二九）の『法華経義記』に示された考えを基本とされたことに及んでいる。

法雲の釈義を、たえず『本義』または『本釈』と呼んで、或は引文し、或は略抄し、或は言及して依拠しながらも、その相違的解釈を明らかにし、又は彼の説を批判し、又は好しとすれば用いてもよいという風に、必ずしも法雲の学説の承用だけでない点は、天台の智顗や、三輪の吉蔵、又のちの法相の窺基等と同様である。

花山氏は上宮王が天台の智顗や、三輪の吉蔵など仏教史に残る人物と同様な造詣があって、『法華義疏』を著されていると述べられている。花山氏が評価される上宮王の仏教に対する造詣は『西院資財帳』の記述にも表現されている。

又戊午年四月十五日、請上宮聖徳法王、令講法華勝鬘等経岐、其儀如僧、諸王公主及臣連公民信受無不憙也、（以下略）

大宰府都城におられた上宮王が請われて、法華勝鬘等経を講じられた。その儀が僧の如くあれ、皆が話を聞いて喜ばないものはなかったとある。このように、上宮法皇の仏教との関わりを見ると、法隆寺金堂釈迦三尊像光背銘の上宮王への追悼文が誠心誠意書かれていることを知る。

斯の微福に乗ずる信道の知識、現在安穏にして、生き出で死に入り、三主に随奉し、三宝を紹隆し、遂に彼岸を共にせん。六道に普遍する、法界の含識、苦縁を脱するを得て、同じく菩提に趣かん。

南朝文化

『三国遺事』の円光西学は新羅皇隆寺の僧円光の留学の話である。

時に年二十五、船に乗って金陵（南京）に着いた。このときちょうど陳の時代に当り、文教の国として名が知られていたので、前に疑問に思っていたところを質問し、道を聞いて解得した。（中略）終りはまた呉の国の虎（丘）山に入って、念定をつづけ、覚観（正覚と観心）を忘れなかったので息心（心を安ずること）を願う衆が雲のように林泉に集まってきた。（金思燁訳・以下同じ）

南朝陳は仏教が栄え、東アジアの中で文教の国として知れ渡っていたことがわかる。

たまたま隋帝の治世に当り、その威厳は南国（陳を指す）に及び、（陳の）運勢も終りに近づいていた。隋の軍隊が揚都（陳の首都）に攻め入ると（円光は）乱兵にあい、まさに殺されようとした。

円光は陳滅亡の現場に居合わせた。

円光の学問は（すでに南中国の）呉・越（の事情）には通じていたが、（さらに北中国の）周・秦の教化の様子も観ようと思って、開皇（隋の文帝の年号）九年（新羅真平王十一年・五八九年）、隋のみやこに遊学した。ちょうど（当時は）仏法が（ここに）初めておこり、摂論もはじまったばかりであった。（彼は都にあって）経典の美しい言葉を奉じ、経文の玄微な理の糸口を（彼らに）示してやったので、（彼の）かしこさがよく彼の地の人に認識されて、名声は隋の首都に高まった。

五八八年に仏教文化の国陳が滅び、中国は北朝隋によって統一されたが、隋は当時仏法が興ったばかりであり、円光のように南朝の文化を身に付けた人々が多数隋の都に集まったことが考えられよう。

『三国遺事』の原宗興法厭髑滅身は次の文で始まっている。

『新羅本記』よると法興大王即位十四年（五三七年）に小臣、異次頓が（仏）法のために自分の身をなくした。この年は蕭氏の梁武帝、普通八年丁未に当り、西方の天竺（印度）から達摩が金陵（今の南京）にやって来た年でもある。この年にまた朗知法師がはじめて、霊鷲山（慶尚南道蔚山にある）に法場を開いている。大教（仏教）が興ったり衰えたりするのは、かならず遠近を問わず同時に感応するという事実を、このことで信ずることができる。

すでに考古学的成果の再検討のところで述べたように、五二〇年代の北部九州には多くの寺院が存在していた。『三国遺事』は倭国の仏教文化については触れていないが、南朝梁を中心に東アジア全域に仏教文化が広がっていたことがわかる。

『法華経義記』を著した法雲師の生存は四六七年から五二九年の六十二年間である。倭王武を鎮東大将軍に進号させた南斉の時代から、梁の前半の二十七年まで活躍した。『法華経義記』が南斉の仏教文化の中で生まれたことは明らかであり、仏教が中国を中心に古くから広まり、梁の時代の仏教文化の一頂点を迎えたことが知られる。南斉、梁、陳と続いた南朝の仏教文化が十分に成熟していたことは明らかであろう。

しかし、陳が滅びた時、中国を統一した隋では仏法が興ったばかりであった。上宮王は陳からの亡命者と思われる恵總法師らから中国の状況を聞き、南朝仏教の正統な後継者としての自負を持ったのであろう。その自負が観世音寺の敬造を契機として、隋に対しての自立の宣言となった。

その国書にいわく「日出ずる処天子、書日没する処の天子に致す、恙なきや、云々」と。

使者いわく「聞く、海西の菩薩天子、重ねて仏法を興すと。故に遣わして朝拝せしめ、兼ねて沙門数十人、来って仏法を学ぶ」と。

このように上宮法皇は国王であって、仏教に深く帰依されていた。宗教は一般に排他的であるが仏教は和を大切にする宗教である。日本古来の神道を排除することなく仏教王国はつくられた。七世紀東アジアの中心となった俀国は、すでに見てきたように理想的な国であり、国民全体の精神も高揚していた。因みに中村元氏は聖徳太子の時代の日本を比較宗教学の立場から、当時の地球上のいくつかの地点に現れた普遍国家の一つと指摘されている。むろん、聖徳太子は上宮法皇と読みかえられる。

法隆寺の意匠

法隆寺になってからの意匠というものは皆無である。法隆寺と表現するが、中味は前身の観世音寺のことである。これまで法隆寺の意匠はギリシアから伝わったとか、唐から伝わったとか説明されてきた。法隆寺は世界の意匠の終着点の感があった。しかし金堂と五重塔は上棟したのが六〇七年であり、六一八年には伽藍が完成している。六一八年に建国する唐の文化の影響を受けたくとも受けられないことは明白である。唐の影響を受けているという内容は、逆に法隆寺の意匠が影響を与えている証拠である。真似に徹しているか、真似が下手であるかのどちらかのようだ。

また発掘された大和の山田寺は六四〇年代に造られたことが文献で明らかな建物である。建築学界では現在でも法隆寺が造られたのは七一〇年頃としているため、山田寺の回廊の組物や連子窓等の意匠が法隆寺に先行し、影響を与えたとしている。もちろんこの場合も豪勢な造りであるが、法隆寺の意匠の影響を受けており、真似が下手の部類である。

本当の意匠は創作活動の結果でしか有り得ない。法隆寺の場合、発想の原点と思える模型が玉虫厨子と、橘夫人念持仏厨子として残されており、現実の建築や工芸品にどう変化したかを知ることができる。意匠を完成するための努力が確められる。玉虫厨子の柱は角柱で真っ直ぐ立っている。ところが金堂の柱は真っ直ぐに見えるがわずかに内転びしている。つまり実際の建物の柱は真っ直ぐ立てると、錯覚で外に倒れて見える。そのための補正が施されているのである。もちろん柱はエンタシスと呼ばれる胴太りの丸柱である。上から下まで同じ太さの丸柱だと中ほどがやせて見えるための補正である。法隆寺のエンタシスは唐を経由したものではない。一本の柱を樹木からどう取り出すかという「木取り」と関係しており、恐らく日本において独自に発展した技術と思われる。

金堂の上棟が終り、外陣の外壁に粗壁が付けられる。左右はエンタシスの柱、上下は貫が通る金堂壁画の下地である。この段階で壁画面と接するエンタシスの柱に補正を施している。つまりエンタシスの柱を削り壁画面の形を修正している。柱を削り取って壁とした部分を含め、上に漆喰を何回か塗り壁画の下地を完成させている。三次元の空間における歪みは頭の中で想像しても限界があり、現実に目で見て確かめるより方法はない。これらの錯覚について知っていて実際に創作に適用していることは驚異である。建築、彫刻、絵画、工芸、全てに通じている集団の創作である。これだけ緻密に造られている法隆寺から感じられるものが意匠である。真似て造れるものではない。

大和朝廷が移築当時の建築技術者に求めたことは観世音寺のイメージの払拭である。観世音寺絵図にある神社や後方の横に長い建物は残し、中心伽藍と鐘楼、経楼などを移築させている。倭国の京における端正な姿は配置を変えることで消し、名前も法隆寺と変えたのである。そしてこれらを造った人物として聖徳太子像を掲げた。多利思北孤とも、上宮王とも呼ぶかもしれないが、ただ大和で生まれた聖徳太子であれば良いという姿勢を取った。観世音寺の建物が意味することに目が向けられなければ良かったのである。多利思北孤は法華経の教えを学び、熱狂的な阿弥陀信仰を鎮め、倭国の歴史を踏まえたバランスのある生き方に価値を見いだされていた。

つまり法隆寺と聖徳太子を褒めたたえることによって、阿弥陀に目が向かないようにしたのである。もちろん当時阿弥陀信仰は禁止されており、法隆寺においてさえ阿弥陀像が安置されたのは鎌倉時代であり、壁画の阿弥陀浄土図を見るために金堂内に入れるようになったのも恐らく鎌倉時代であろう。

ところで倭国では、阿弥陀信仰が起こる前にすでに仏教王国となっており、豊穣の世界を現出していた。そして阿弥陀の死後、阿弥陀信仰が盛んになり、奇跡も起こったことが伝えられる。人間性が希薄になるほどの信仰の世界は、少なからず問題もあったのであろう。特に神道と仏教の諍いは絶えなかったようである。阿弥陀の子孫である多利思北孤は、中国南朝から伝わった法華経に救いの道を見いだされる。阿弥陀とて仏陀の生まれ変わりだとする教えである。神道まで含めた精神世界の全体像として示されたのが観世音寺伽藍である。

建築にしろ、意匠にしろその裏は歴史そのものである。法隆寺の意匠は歴史家のいい加減な解釈を許さない厳しさがある。本質に近づくためには、努力を積み重ねる以外にない。そんな歴史を紐解く作業の中で残念に思うことがある。法隆寺の仏像が多くの悲しい歴史を経験していることはすでに説明してきた。その百済観音像は生前の千食王后像であり、救世（夢殿）観音像は生前の上宮王像である。死の床にある上宮王の看病疲れで、その後を追われた千食王后である。これだけ由緒の明らかなものでも、法隆寺は二体の仏像を別べつに扱っているのである。夫婦仲良く並ばれたところを拝見したいというのは無理な注文なのであろうか。

あとがき

　これまで文章らしいものを書いたことがなく、読んで頂ける文章が書けたかどうか不安である。この本の全体像が把握できたのは一九八八年七月十四日である。

　十五年以上前に友人の詩人が空海論を書いた。この友人に空海の人物を語ってもらったとき、空海が現代西欧の思想の基礎を築いた人々よりもはるかに昔に、それらの認識に達していたことを聞かされ、空海ほどの才能の持主が才能は認められたが、天才とは評価されていないことに不思議な思いがした。しかし、歴史の上に上宮王という天才が存在したことが明らかになると、空海の才能が当然の評価を下されていることがわかる。

　二十年以上過ぎてしまった学生時代に、進化論が文化をとらえる上では全く無意味な考えであると感じた。本書で明らかにしたように壬申の乱後の日本がいまだ俀国の時代の文化のレベルに達し得ていないことと呼応している。我々は殆どの人が確固とした美意識を持っている——表現の問題は別にして——が、その意識が上宮王の時代に完成した美意識に収れんしていることは知らずにいる。

以上は一九八九年に私家版として二百部ほどを世に出した本の「あとがき」である。本書はその本の一部を訂正したり、その後の考察によってより明確になった内容を書き加えてある。

読んでいただいた方々のなかで、私には不思議に思える次のようなご批判を何回となく受けた。「実証的な事実の解明は別にして、何が言いたいのか」と。ここまで読んでこられて、同様の思いを抱いておられる方があるかもしれない。

読者の多くは歴史に深い関心を持っておられるであろう。日本人としての歴史を理解したい、納得したいと言う気持であろう。思考は言葉ぬきに展開しがたい。その言葉は歴史の所産以外の何者でもない。思考の積み重ねのうえに出来上った認識の全体像は歴史認識の上に成り立っていると言える。認識のすべてが歴史との関わりによって存在しており、歴史は単なる知識ではありえない。

被差別部落というひとつの言葉を取り出しても、納得できる説明がなされていないことは明らかである。日本人の存在の根底にいまだ説明がなされていない何かが大きく横たわっていることが感じられる。

この本で実証的に解明された事実は読者の認識の全体像を変化させていくであろうか。千三百年にわたって形成された認識と私が述べる真実とが、今、天秤にかけられる。

法隆寺が九州の観世音寺を移築したものだと言うことに論点を集中したため、この過程で明らかになったことの多くは説明しきれていないうらみがある。観世音寺を移築して法隆寺とした事実から導き出された主要点は次の通りである。

①現代の日本人が共有する日本古代史は、実は九州の倭国を中心に展開し、六七二年まで続いた。その中心地は大宰府都城で、卑弥呼、壱与、武、磐井、上宮法皇らが都とした。このことは邪馬台国論争が終結することを意味している。

②その文化の頂点は観世音寺を建造した上宮法皇の時代で、日本列島はすでに統一されており、東アジアの中心的文化国家であった。聖徳太子は上宮法皇をモデルにつくられた仮空の人物である。

③六七二年に大和勢力によって侵略され（大和朝廷内の権力闘争である壬申の乱と書き替えられている）、倭国文化はことごとく大和朝廷のものとなった。観世音寺をはじめ多くの建物が解体され、大和を中心に再配置され、大和朝廷の歴史を証明するものとして組み入れられた。

④倭国文化は西洋のビザンチン文化（東ローマ帝国）に匹敵する。現在でも西洋文化を越えている能という演劇を生み出したし、イタリア・ルネッサンスの彫刻を越える夢殿観音像や百済観音像などの仏像彫刻がつくられた。

次に倭国滅亡後の日本がどのような歴史を経てきたかを、権力が消し去るべくあらゆる努力をした倭国の記憶ということに的をしぼって述べてみたい。

倭国滅亡後は大和朝廷の弾圧下にあり、民衆はなすすべがなかったが、延年の舞の分析から推測出来るように抵抗が続いた。知識人の抵抗の試みは、『日本書紀』、『万葉集』等の中に、一般人は祭や風習の中にタブーとして記憶を封じこめた。口に出すことさえ許されぬ事態であったと思われる。九州での倭国の存在を消そうとする権力と記憶を保つための民衆の知恵の対峙である。

これに対して政治勢力の反権力行動としては平将門、藤原純友の乱をあげることができる。これより先、中国では唐が崩壊し、旧勢力が抬頭している。この動きと連動していたのであろうが日本での動きは失敗し、その後、大和朝廷に対する反権力の行動は現れない。政治勢力としての記憶（倭国再建の夢）は二、三百年で失われたことになる。

室町時代になると権力側が弾圧の意図を忘れたように思われる（倭国文化を消し去って七、八百年を経たことになり、その全体像の記憶が薄れたのであろう）。倭国で栄えた芸能諸般が復活し、秘蔵されていた絵画の類が日の目を見る。鎌倉時代にはすでに法然、親鸞が出て、浄土宗、浄土真宗を起こし、この時代には民衆の宗教心は高揚していた。ところが法隆寺では仏像が盗まれる事件がたびたび起っている。このようなことはこの時期だけで、その後は明治の廃仏毀釈によって一部が不明になった（最近フランスのギル美術館で発見された）ほかは、大切に保存されている。これは個人的に、倭国の記憶を残しているものがいて、倭国の仏像を自分のもとに置きたい思いで行なった、と考えられる。このように個人レベルでの記憶は長く受け継がれる。

しかし、九州での倭国の存在が消し去られた状態で時間が過ぎ、その全体像は不明となり、記憶は去っていったようだ。このミッシングリンク（忘れ去られた環）を知り得なかった近世の本居宣長以降、現在に至る学問は、盲人が象をなでるが如き本質との乖離を示している。これと対称的に民衆は記憶をタブーとして封じ込めた祭を守り、風俗や宗教に倭国の思い出を大切に保存してきたようである。近世以降の歴史の本質からの乖離を意識し得た知識人は森鷗外以外には見あたらない。「歴史その儘と歴史離れ」の中で、民衆の伝える言い伝えや風俗等に歴史の本質が感じられたらしく、作家としてその話の内容を脚色することに否定的な立場を表明している。「わたしは史料を調べて見て、その中に窺（うかが）われる『自然』を尊重する念を発した。そしてそれを猥（みだり）に変更するのが厭になった」と言い、自分の作品について「わたくしが多少努力したことがあるとすれば、それはただ観照的ならしめようとする努力のみである」と述べている。この小文に先だって発表されたのが『山椒太夫』であり、それが実践されていることが読み取れる。

近代に入って、西洋文明を受け入れて新たに成長してきた歴史学も、森鷗外の感受性を理解することなく、矛盾に充ちた内容を呈している。建築史学における実証的研究において、考え難い誤ちがおかされていたことはすでに述べたが、ミッシングリンクの存在を認めれば、矛盾は解き明かせることを示し得たと思っている。まえがきでも述べたが、建築には多くの情報が詰っており、建築史学的方法が歴史学一般に占める重要性を理解すべきであろう。

西洋中世の金を作り得るとした練金術師の認識と現代科学のそれが懸け離れているように、現代日本の歴史認識は真実とは別個のものになっている。倭国を知ることなく日本を知ることは出来ない。この本で述べたことがらによって、今後どのような学問分野に影響が及ぶかについては予測がたつ。そのことについて少々述べておこう。

九州瓦の箇所（第六章　考古学的成果の再検討）で述べたことは、現在歴史学で行われている時代区分である飛鳥時代、白鳳時代の順序が実際は逆だと言うことである。飛鳥仏である法隆寺釈迦三尊像は知的で、ストイックである。これよりあとの時代に深大寺（東京）に伝わる素朴な白鳳仏がつくられたとする定説は誤りである。理性的に考えれば、「素朴な美しさ」から「写実的な美しさ」へ、そして「精神的な美の表現」へと移り変る世界共通の美意識の史的変化が、日本においても起っていたというあたりまえの事実である。時代区分と関係の深い美術史学を中心とする歴史学の認識が新たにされよう。

『万葉集』の解釈を再検討する必要性の一例は次に示すが、『源氏物語』など他の作品にも及ぶだろう。『万葉集』が朝鮮語で書かれているとする最近の一群の著作が出版されている。この解釈がミッシングリンクの存在を知らなければ、起り得ることは自明である。倭国の時代の日本語が朝鮮半島の人々に影響を与えていたのである。やがて東アジア史も再検討されよう。

法隆寺西院伽藍が完成した和銅三年（七一〇）に平城遷都が行われた。奈良の都である。万葉の歌人小野老朝臣は天平二年（七三〇）頃、大宰小弐で、天平九年に大宰大弐で死亡している。土屋文明氏は『万葉名歌』で次のように述べられている。

なお、奈良時代の栄華のさまは、時の人自身も目を見はったものと見えて、時代を祝う歌が幾首か詠まれている。一つは、

あおによし奈良の都は咲く花の匂ふがごとくいまさかりなり　小野老（おののおゆ）（巻三　三二八）

である。作者が大宰小弐として筑紫にいて詠じたものである。神亀の末か、天平の初めの歌であろう。（中略）この歌も譬喩が幾分一般的すぎるが、こういう形式を主とする歌では、まずこのくらいのものになるのではあるまいか。

六七二年の壬申の乱から六十年近く過ぎた、跡形のなくなった大宰府都城にあって、（倭国の諸建物を移築して）今が盛りの奈良の都と対比しての歌であることは明らかである。知識人の無力感が漂っていると言ったら過言であろうか。この歌一つを取り上げても『万葉集』は全く解釈を異にすることは明らかであろう。『万葉集』を順次読んでみたいと思う。

仏教史が見直されるべきことを述べたが、仏教そのものの理解も再検討せざる得まい。民衆の信仰の方が、書物で述べられる仏教の世界よりはるかに真摯である。聖徳太子の「十七条の憲法」は明らかに上宮法皇がつくられた七条と、のちに大和朝廷が付け加えた部分で出来ている。仏教に造詣の深かった上宮法皇のつくられた七条には世俗にある仏教者の生き方が示されている。その他音楽、芸能、風俗、交通とあらゆる分野に及ぶであろう。

ところで、かつての考古学の発掘では、報告書は研究者の評価を経た内容が記されていて、その研究者の他の著作を参考にその全体像を把握することが可能であったが、最近は発掘の数が多くなったためか、機械的な報告書が多い。データは最大漏らさず記録すればよいという姿勢である。コンピュータの普及によるものであろうか。発掘は現場に携わった人のみが、その内容、意味を正確に把握できる。発掘はある意味では文化遺産を壊す行為であるから、破壊と見合うその担当者の見解の入った報告書が作られることを望みたい。

美しい日本の国土は、過去の日本人によってつくられたもので、自然に出来上ったものではない。不用意な建設によって利益と新らしさを得ることはできようが、千数百年という歴史は失なわれる。国土開発行為は必要性があって行われていることは明らかであるが、新しい事態に照して再検討されることを望みたい。

一九八八年七月に全体の構図が見えた時、その「悲劇」を書こうと思ったことに始まる。見えた構図を文章化したいと言うことにつきる。その第一回分であり、完成には十年を要するかもしれない。この構図をどのように感じられるかは読者自身に関わっている。常識というのは不思議なもので、異った見え方の存在すら気付かせない。しかし異った見方を知ったとき、人は変化を止めることは出来ないであろう。

新版を出すにあたって

最初に出した私家版には次の記述があった。

岩石のX線回析

すでに基壇の項で述べたように、法隆寺の基壇の解体で発見された石組みの法則性が、観世音寺の基壇の石組みの方法であったのである。ところが修理報告書には基壇の石材が大和の二上山の凝灰岩であると報告されている。しかし、論理の導くところ石材は九州阿蘇山の凝灰岩である（当時の石材の産地である播磨国の竜山石である可能性も否定はできない）。

間壁忠彦・葭氏が古墳の石棺の研究で用いられた岩石のX線回析の手法を用いて、基壇の石材の産地が明らかにされる日が早く来ることを願わずにはいられない。

私家版は当時の法隆寺建築の研究者の主だった人に読んでもらっている。修理工事の棟梁であった西岡氏にも読んでもらい、工事の詳細について、現場の人でないと知り得ない内容を聞くことができた。その場では工事の中で移築を示す証拠は何もなかったと述べられたが、後日近い将来に移築説が認められるだろうという内容の手紙を頂いた。

また太田博太郎氏から修理工事の中心であった浅野氏に会って話すのがいいとの助言を受け、自宅を訪れた。その時、岩石のX線回析をするため、耳掻き一杯分の資料の採取が出来ないものかと相談したが、工事中なら出来たが今は不可能だと取り合ってもらえなかった。

新版に当たって本文で二点の訂正を行なった。一点は伽藍絵図の中門の柱間を不鮮明な写真で判断し、桁行き四間とした誤りである。正しくは五間である。他の一点は妙心寺鐘の銘の「戊戌年」を六九八年と読まず、六〇年繰り上げて六三八年とした誤りである。正しくは六九八年である。

これらは読者から指摘を受けており、感謝したい。

著者紹介

米田　良三（よねだ　りょうぞう）

建築家、古代史研究家
1943年　三重県松阪市に生まれる。
1968年　東京工業大学建築学科卒業。
建築から日本古代史を見直す研究をつづける一方、古代建築の基礎構造をヒントに耐震技術の開発を行っている。
著　書『列島合体から倭国を論ず』『逆賊磐井は国父倭薈だ』
（共に新泉社）
連絡先　アンティシスモ
〒166-0002　東京都杉並区高円寺北3-27-9

新装　法隆寺は移築された――大宰府から斑鳩へ

1991年7月5日　初版第1刷発行
2007年3月10日　新装第1刷発行

著者＝米 田 良 三
発行所＝株式会社 新 泉 社
東京都文京区本郷2-5-12
振替・00170-4-160936　電話03-3815-1662　FAX 03-3815-1422
印刷・太平印刷社　製本・榎本製本

ISBN 978-4-7877-0603-4　C1021

列島合体から倭国を論ず　――地震論から吉野ケ里へ

米田良三著　四六判上製・224頁・2500円（税別）

西日本と東日本が糸魚川・静岡構造線で合体したのは縄文時代で、このとき三内丸山は壊滅し、温暖な日本の気候も終わったとする大胆な仮説を提示し、この衝撃から発達した耐震建築を明らかにする。さらに列島合体を地名や文化の伝播で検証し、倭国の古代博多を復元する。

逆賊磐井は国父倭薈だ　――薬師寺・長谷寺・東大寺

米田良三著　四六判上製・224頁・2500円（税別）

倭の五王の最後の倭武の息子が11歳で王となった倭薈（いわい）である。死後、仏教徒からは阿弥陀如来と呼ばれ、神徒からは八幡大菩薩と呼ばれ親しまれた大聖人であったが、大和朝廷の祖、継体に殺された。磐井の乱の顛末と倭から大和や京都に移築された建造物の秘密に迫る。

新装　聖徳太子論争

家永三郎、古田武彦著　A5判・116頁・1400円（税別）

法隆寺に伝わるあの有名な釈迦三尊像。あれは聖徳太子にかかわるものではなく、九州王朝のものだとする古田氏に対して、「上宮聖徳法王帝説」研究の先達・家永氏が反論。さらに古田氏が再反論。論題は古代文献の読み方へと進む。古代史ファンには見逃せない書簡論争。

古代史の「ゆがみ」を正す　――「短里」でよみがえる古典

古田武彦、谷本茂著　Ａ５判・168頁・1500円（税別）

魏志倭人伝の里程記事が「短里」で書かれていることを論証したのは古田史学の大きな功績である。この短里を用いて「論語」や「孫子」などの中国古典を読んでいくと、今まで誇張、大げさな表現と解釈されていた地理や文章が、真実の地理、実践的な政治・兵法として蘇る。

新装　韓半島からきた倭国　――古代加耶族が建てた九州王朝

李 鍾 恒著、兼川 晋訳　四六判上製・320頁・2500円（税別）

倭人とは、もともと韓半島南部に勢力を張っていた民族だった！　好太王碑文に刻まれた倭、新羅をしばしばおびやかした倭、宋書に登場する倭の五王など、中国・朝鮮史書に載る倭人・倭国とは何なのか。韓半島の古代史研究から大和朝廷中心の日本古代史の書換えを迫る。

新装　伽耶国と倭地　――韓半島南部の古代国家と倭地進出

尹 錫 暁著、兼川 晋訳　四六判上製・312頁・2800円（税別）

伽耶（かや）とは朝鮮海峡をはさんでひとつの広域海上文化圏と呼ぶべきものを作った強国であった。倭には九州と大和に別の王朝があり、邪馬台国や倭の五王など、古くから韓半島や中国と通交した倭の実体は、九州の筑紫を中心にして伽耶国を本国と考える九州王朝であった。

天皇家と卑弥呼の系図　——日本古代史の完全復元

澤田洋太郎著　四六判・288頁・1800円（税別）

卑弥呼の名前の登場する「尾張・海部氏系図」を解読し、文献の解釈を通して日本古代史の大きな謎＝邪馬台国から大和王朝への歴史究明に挑戦。7世紀以降の大和王朝は、3世紀に北九州にあった邪馬台国家連合が東遷して成立したことを解明した著者の古代史第一作である。

新装　ヤマト国家成立の秘密　——日本誕生と天照大神の謎

澤田洋太郎著　四六判・288頁・2000円（税別）

「記紀」に展開されている物語は、どのような現実をふまえているのか。古代史の謎に合理的な解釈をほどこし、日本神道や伊勢神宮の起源、さらに古い原始信仰の復元、生産力と武力の根源である金属精錬技術の発展等をたどって倭人のルーツを探り、古代史解読のシナリオを提出。

新装　ヤマト国家は渡来王朝

澤田洋太郎著　四六判・296頁・2000円（税別）

弥生から古墳時代に移る頃、支配者層は騎馬民族出身者に替わった。イリ王朝（崇神・垂仁）やタラシ王朝（景行・成務・仲哀・応神）の天皇は、ほとんどが百済あるいは新羅からの渡来王ではなかったかと考えると、「記紀」に秘められている多くの謎が合理的に解釈できる。